LA PERMACULTURE URBAINE, SOCIALE ET ÉCONOMIQUE

Directeur de collection
Bernard Bertrand

ISBN : 978-2-35981-149-0
Dépôt légal : février 2021

Éditions de Terran – 355, rue de la Montagne-Noire – 31750 Escalquens
Tél. : 05 61 00 09 86 (accueil) – 05 81 91 31 31 (commandes)
Courriel : terran@piktos.fr
Site Internet : www.terran.fr

Steve Read

La permaculture urbaine, sociale et économique

Stratégies pour une transition socio-écologique

terran

Sommaire

À Fred et Isa, merci pour votre aide !
À BAM et Anne, merci pour vos idées et votre soutien.

Préambule

À la fin des années 1980, j'ai découvert la permaculture et les écrits de Bill Mollison. Ses mots ont résonné chez moi comme ils ont résonné chez beaucoup. Lui aussi cherchait un moyen de mettre un terme à la dégradation de l'environnement, à l'appauvrissement de la biodiversité et aux injustices sociales. Je suis devenu par la suite moi-même permaculteur, et depuis maintenant trente ans, j'utilise les techniques de cette ingénierie et les enseigne aux autres. Ce livre est l'aboutissement d'années de recherches, de discussions, de partages et de réflexions. J'espère que mon approche et les idées qu'il contient apporteront l'aide nécessaire aux personnes qui souhaitent reconstruire nos sociétés et qu'il contribuera à mettre fin aux nombreuses crises actuelles.

L'être humain, Homo sapiens sapiens… En dix mille ans, nous avons créé et bâti beaucoup de choses : des villes, l'agriculture, le plastique, le ciment, les guerres… Nous comprenons aujourd'hui que toutes ces choses réunies sont trop lourdes pour être portées par la planète. Une forme de vie – nous – a en effet changé radicalement tous les écosystèmes terrestres.

Les fonctionnements actuels de nos sociétés, de nos économies, de nos systèmes agricoles, ou encore notre gestion de l'eau, sont catastrophiques. Ils le sont autant pour la planète que pour notre santé, la stabilité de nos sociétés, et donc pour notre avenir. Nous continuons à piocher dans les ressources des jeunes d'aujourd'hui et des générations futures. Nous avons contaminé leur Terre avec des polluants, et nous avons déréglé le climat. Il est grand temps de changer de cap et d'installer d'autres manières de gérer la Terre et ses ressources, pour nous et pour nos enfants.

La plupart des « solutions » proposées par les industries, leurs lobbies puis les politiques, sont simplistes à outrance.

Il nous faut un changement total de paradigme. La permaculture fait partie de cette évolution, et, en grande partie, les permaculteur·trice·s sont des pionnier·ère·s qui créent ou recréent des systèmes incarnant ce nouveau paradigme.

La permaculture est une volonté de déconstruire un système conventionnel pour inventer un nouveau système, permanent et bienveillant. C'est une volonté de vivre sans nuire à autrui (les humains, les animaux, les insectes, le végétal). Alors évidemment, la permaculture, c'est sûrement beaucoup d'agriculture, mais c'est aussi tellement plus que ça…

La permaculture est une méthode systémique et globale qui vise à concevoir des systèmes (par exemple, des habitats humains et des systèmes agricoles, mais le procédé peut être appliqué à n'importe quel système) en s'inspirant de la science, de la tradition et du vécu. Elle n'est pas figée, c'est un « mode d'action » (Ju Santini).

Nous, experts de la permaculture, ne nous satisfaisons jamais des solutions simplistes. Quel que soit le type de système, nous passons par des analyses afin de trouver les causes de son dysfonctionnement. C'est pourquoi, dans le contexte de ce livre, la permaculture urbaine ne se réduit pas à la manière de cultiver des légumes et des salades en ville ! La permaculture urbaine, c'est un vaste domaine à explorer. Une ville est un système de toute évidence connecté aux alentours – relié à son environnement, si vous préférez. Il n'est pas possible de parler de la permaculture urbaine sans parler de l'environnement dans lequel les villes se trouvent. Cet environnement est sociopolitique, économique, culturel et géophysique.

En majeure partie, les solutions aux crises d'aujourd'hui – pollution, dégradation de l'environnement, changement climatique, etc. – sont connues. (À l'exception des déchets nucléaires, car je ne connais personne qui sache comment gérer ces matières hautement toxiques.) Mais, comment dirais-je, les vraies solutions aux crises ne peuvent pas fonctionner dans les contextes géopolitiques d'aujourd'hui, c'est aussi simple que ça. C'est la raison pour laquelle il faut parler d'un changement de paradigme et d'une restructuration intégrale de nos systèmes de gouvernance, de nos économies, de nos systèmes agricoles.

Dans ce livre, je vais explorer plusieurs pistes d'action concernant nos sociétés en général. Ce livre est aussi un appel, à vous, à l'autoresponsabilité. Mais attention, cette autoresponsabilité n'est pas la même que celle dont parlent les PDG. Pour les véhicules, par exemple, leur refrain se borne à prévenir, il ne sensibilise pas aux vrais problèmes : « Continuez à acheter nos voitures, mais vous serez par la suite responsables de leurs émissions. Vous devrez donc rouler moins vite ou moins les utiliser. » L'autoresponsabilité permacole, ce serait plutôt, dans le cas présent, trouver comment vivre mieux sans voiture ou en en ayant peu besoin.

La plupart des gouvernements ne savent pas répondre efficacement aux crises actuelles. Vous, vous pouvez agir, chez vous comme au sein de votre commune : vous pouvez la reconstruire, vous pouvez vivre mieux et en meilleure santé. Votre commune peut devenir un bel exemple qui en incitera d'autres à transformer la leur.
Prendre soin de la Terre et des humains, ce sont les deux valeurs éthiques sur lesquelles repose la permaculture. Elles nous encouragent à créer des sociétés non seulement durables, mais aussi équitables et justes. Il est important de

rappeler ici que vous n'allez pas trouver dans ce livre UNE solution « miracle ». La raison en est très simple, il n'existe pas UNE solution qui serait adaptée à tous les contextes – culturel, social et environnemental.

Nous utilisons un marteau pour planter des clous, une scie pour couper du bois… parce que ces outils sont adaptés aux travaux que nous réalisons. La permaculture aussi est un outil, un concept adapté au travail que nous avons à faire aujourd'hui : reconstruire nos sociétés afin de les rendre durables, écologiques et équitables.

L'heure est au changement. Il est temps que nos connaissances techniques et scientifiques soient mises au service d'un nouveau paradigme. Pendant trop longtemps, l'organisation et l'administration de nos pays sont restées entre les mains de personnages incompétents. Il est aujourd'hui urgent d'employer l'intelligence collective des habitants des communes : ils ont les connaissances nécessaires, en effet, à une bonne gestion des paysages, de la vie sociale et économique, de la construction et de la production locale.

La permaculture s'appuie sur une démarche stratégique. Le *Larousse* définit la stratégie comme « l'art de coordonner des actions, de manœuvrer habilement pour atteindre un but ». La notion de « stratégie » est fondamentale dans l'organisation et la mise en œuvre du concept de permaculture. Nous pouvons parler, par exemple, de stratégies de cultures : quand planter (organisation temporelle) ? Où planter et quoi planter à côté de quoi (organisation spatiale) ? À plus grande échelle, c'est la même chose : avec quoi la transformation d'un village commence-t-elle ? Où commence-t-elle et avec qui ? Toute la mise en œuvre du concept est stratégique. Comme je l'ai déjà expliqué, explorer la permaculture urbaine nous amène à aborder le sujet des villes et de leur environnement sociopolitique ou géographique. Les villes ne couvrent en effet pas toute la France – les zones urbaines ne représentent que 21,8 % du territoire –, mais 77,5 % de la population y vit (contre 22,9 % de la population en zone rurale). Nous allons donc nous intéresser à trois grands axes :

**Comment encourager les populations rurales
à rester dans les villages ou les hameaux,
et comment rendre ces territoires attractifs
pour les personnes désireuses de quitter les villes ?**

**Comment transformer les villes actuelles
afin de réduire leur impact négatif sur l'environnement
et la santé des citoyens ?**

**Comment transformer nos économies, nos industries,
nos modes de transport, nos habitudes de consommation ?**

**Ces systèmes, qui n'agradent[1] pas l'environnement,
doivent être au minimum neutres – et surtout pas destructeurs,
comme c'est le cas aujourd'hui.**

1. NdÉ : Néologisme contemporain, « agrader » se veut l'antonyme de « dégrader ».

Partie I
Qu'est-ce que la permaculture ?

J'enseigne la permaculture depuis plus de trente ans, je l'ai enseignée dans de nombreux pays et sous des climats différents. La permaculture est un art et une science de conception fondée sur les valeurs éthiques précédemment évoquées. Elle repose sur une suite de principes simples, mais permettant de créer des systèmes complexes. Il ne faut pas croire que les permaculteur·trice·s pensent que « la nature est parfaite » : l'écologie nous montre à quel point les systèmes naturels sont en évolution permanente. Cela dit, nous avons compris quelques-unes des « règles » qui régissent ces systèmes, et nous avons appris à tirer parti de ces enseignements. Nous savons, par exemple, comment ces règles s'organisent et complexifient un système. Les principes de la permaculture s'en inspirent. En effet, tous les besoins d'un élément dans un système doivent être, autant que possible, produits par le système. Tous les produits d'un élément doivent fournir les besoins du prochain élément dans le système. Ce point fondamental nous aide à créer des liens d'interdépendance semblables à ceux que nous trouvons dans les systèmes naturels.

Il nous est parfois difficile de voir le monde dans toutes ses dimensions. Un enfant, par exemple, dessinera un arbre, mais sans ses racines. De la même manière, je peux oublier le mycélium et les filaments qui relient les arbres, les arbustes et les plantes entre eux. Je peux oublier aussi le temps, oublier que nos quatre saisons (deux ou trois sous d'autres climats) provoquent des changements. Afin d'expliquer la danse de la nature, j'évoque parfois l'image d'une toile d'araignée… en quatre dimensions : à chaque croisement, il y a une espèce, une bactérie, un oiseau, un arbre… Ses fils sont des liens d'interdépendance qui relient tout ensemble. La toile en quatre dimensions est aussi en mouvement dans la cinquième dimension. Le temps et les espèces qui forment un écosystème sont en constante coévolution.

Un·e permaculteur·trice expert·e est quelqu'un d'expérimenté qui sait analyser un système et le retravailler afin qu'il marche mieux. Ce système peut être une ferme, un village, une économie, une maison et son jardin ou, dans le contexte de ce livre, une ville. Un système existe quand plusieurs éléments interagissent selon certaines règles. Un·e permaculteur·trice développe des capacités d'observation et d'analyse de ces systèmes. Pour ce faire, il ou elle utilise une approche analytique, son expérience (ou « ressenti ») et ses intuitions.

Il est très important de toujours garder une règle d'or à l'esprit : « Tout dépend du contexte. » Nous n'avons plus le temps ni les ressources pour continuer à développer des solutions simplistes, du type « pareil pour tous » : ça ne marche pas, une approche qui fonctionne bien chez moi ne marchera peut-être pas du tout ou marchera mal dans un autre contexte.

Pour mener à bien une analyse, nous avons besoin d'informations concernant le système étudié :

- un historique et un contexte,
- des entretiens avec les personnes qui l'habitent ou l'utilisent,
- des données scientifiques et technologiques,
- des observations de son environnement.

L'analyse indiquera ce qui, dans le système, fonctionne bien et devra être préservé, ou ne fonctionne pas et devra être repensé. Elle permettra d'identifier les éléments toxiques que le système contient ou produit. Elle déterminera les éléments nuisibles à la santé ou au bien-être, et définira ce qui utilise des ressources au-delà de la capacité du système à les régénérer. Ces points négatifs devront être éliminés du système.

Dans la phase analytique de l'approche permacole, il est essentiel de récolter le plus de données possible sur le système avec lequel nous travaillons : son histoire, ses traditions, les facteurs environnementaux (type de sol, pluviométrie, géomorphologie, flore/faune…), l'histoire du pays ou du territoire, son terroir, les cultures qui l'ont imprégné…
Une fois les données rassemblées, le·la permaculteur·trice peut apprivoiser le système et réfléchir à la meilleure manière de le rendre durable et équitable. Il ou elle devient alors un·e designer et conçoit une version améliorée du système. Par la suite, le système va prendre soin de la Terre, prendre soin des humains, créer une abondance couplée avec des moyens de redistribution de cette abondance. Ce sont les principes de la permaculture, et tout ce qui est permaculturel doit respecter ces valeurs éthiques.

Le nouveau concept élaboré, le·la permaculteur·trice planifie sa mise en œuvre et détermine l'entretien nécessaire pour que le système puisse durer longtemps.

Analyse

Nous voulons avoir autant d'information possible concernant le système que nous voulons concevoir.

Conception

Nous regroupons toutes les informations sur un plan ou sur une maquette et nous commençons à organiser l'ensemble.

Mise en œuvre

Nous planifions étape par étape la mise en œuvre de la conception.

Entretien

Nous planifions l'entretien des éléments du système conçu.

Chapitre I
Manifeste pour une reconstruction socio-écologique

Plusieurs principes peuvent définir des stratégies permacoles autour desquelles articuler une transition socio-écologique. Nous en évoquerons ici quatorze.

1. Préconiser tout ce qui est prosocial et éliminer tout ce qui est antisocial

L'humain, à la base, est un animal prosocial. Pourtant, la plupart des éléments ou des objets qui aujourd'hui lui accordent un statut social élevé sont antisociaux : compétitivité, grosse voiture, beaucoup d'argent et plein de biens. La reconnaissance sociale est donc à l'opposé de ce qu'est la nature humaine, pour qui la coopération, l'entraide et l'interdépendance sont innées. Et ce n'est pas, notez-le bien, une idée, une utopie, mais un constat basé sur les connaissances actuelles de sociétés vieilles de 10 000 ans et plus comme sur les dernières recherches en neurosciences et en anthropologie.

2. Utiliser le « rasoir philosophique » de la permaculture

Afin de rendre la prise de décision et la transition socio-écologique plus simples, il suffit parfois de « trancher » d'emblée avec ce « rasoir philosophique ». Ce que nous proposons avec la permaculture va-t-il permettre de prendre soin de la vie et de la Terre, de les respecter et d'aller dans le sens de la nature ? Ce que nous proposons avec la permaculture va-t-il prendre soin des humains, tenir compte de leur diversité et de leurs cultures ? Si les réponses sont oui, très bien. Dans le cas contraire, les propositions seront systématiquement rejetées.

3. Partager l'abondance, c'est bien

Toute activité doit créer une richesse tout en agradant les bases nécessaires à sa production. Les richesses créées seront partagées et redistribuées à travers des réseaux complexes d'entraide et d'interdépendance. Ces activités ne doivent jamais aller à l'encontre des deux premiers principes.

4. Ne pas prendre la Terre de demain pour une poubelle !

Les populations de demain doivent être les héritières d'un monde en bon état. Toute activité qui crée et laisse derrière elle des déchets toxiques, non recyclables ou dangereux doit être transformée ou arrêtée. Toute activité qui gaspille les ressources d'aujourd'hui au risque de créer une pénurie demain doit être transformée ou arrêtée.

5. Prôner le localisme permacole

Promouvoir la gouvernance locale et les économies de proximité. Reprendre le pouvoir d'agir par nous-mêmes et devenir responsables de nos actions comme de la gestion de nos terroirs. Éviter toute politique qui tend à concentrer le pouvoir en un point central ou une élite (je développerai le sujet par la suite). Le localisme est au cœur de la permaculture, et c'est un des fils conducteurs de ce livre.

6. Ne pas utiliser un mètre de couturière pour mesurer la température

Des indicateurs comme le PIB ne nous aident pas à reconstruire nos sociétés, ils ne sont pas adaptés à la tâche. Dans le présent ouvrage, j'explique comment fonctionne l'écolométrie (la mesure des réalités écologiques) qui, elle, l'est bien mieux. La permaculture est une ingénierie basée sur des valeurs éthiques et des principes, mais sa bonne application dépend de chiffres, de bilans et de calculs complexes. Par exemple, il ne suffit pas de calculer les besoins en nourriture d'une commune, il faut aussi calculer la quantité d'excréments qui sera produite et décider quoi en faire.

7. Faire baisser la gouvernance en limitant la distance

C'est le principe du zonage : la quantité nécessaire de travail et de visites diminue en fonction de l'éloignement par rapport aux habitations. Ce principe convient parfaitement à la gouvernance : beaucoup plus de prises de décision à la portée de la commune et beaucoup moins à la portée de la Nation.

Les permaculteur·trice·s ont identifié plusieurs pistes d'action nécessaires et prioritaires pour créer des sociétés égalitaires, équitables et résilientes. Cette résilience dépendant de la santé des écosystèmes, notre démarche commence donc avec cet objectif.

8. Préserver et agrandir les zones naturelles

Les zones naturelles sont primordiales pour la permaculture. Il est urgent de les préserver et de les mettre en valeur, de les restaurer lorsqu'elles sont endommagées ou de les dépolluer lorsqu'elles ont été contaminées par des activités humaines.

Nous avons besoin de la formidable biodiversité de la planète, car les systèmes « stables » sont ceux qui contiennent une grande variété d'espèces. Cette diversité permet à des systèmes complexes de se lier entre eux et de créer entre les espèces des liens d'interdépendance. La vie joue un rôle très important dans le climat, à grande comme à petite échelle. On entend parfois dire que les forêts sont les poumons de la Terre. C'est en partie vrai, mais c'est minimiser le rôle de la biosphère : la vie dans les océans, les savanes, les marais, les lacs, etc., est – elle aussi – très importante.

La vie sauvage a besoin de beaucoup plus d'espace que ce que nous lui laissons. L'importance de la préservation des zones naturelles n'est donc pas exagérée. Agrandir les zones sauvages et les relier entre elles devrait être la priorité de toutes les communes et de tous les gouvernements.

Parallèlement à la préservation de ces zones, il est urgent d'agir à l'échelle locale et de promouvoir des changements socio-écologiques, de restructurer nos économies, de transformer nos pratiques agricoles[2]*, de réinventer nos systèmes de gouvernance et notre administration. Enfin, il est indispensable de rendre les villages et les communes rurales plus attractifs, et de créer des villes qui soient adaptées à l'humain sans pour autant dégrader l'environnement.*

---

2. La transition agricole et la gestion holistique des paysages ne sont pas des sujets abordés dans ce livre ; ils sont vastes et complexes et mériteraient qu'un livre leur soit consacré. Le thème de la production en milieu urbain sera, lui, traité plus loin.

9. Restaurer les zones naturelles endommagées

Deux grandes approches coexistent : nous pouvons soit intervenir dans les zones abîmées pour les réhabiliter soit décider d'y supprimer toute activité humaine pour que la nature reprenne ses droits.
La première approche est utile, mais elle demande une bonne connaissance de l'écosystème du lieu. Il est par exemple possible de replanter les zones qui étaient auparavant couvertes de forêts avec des variétés d'arbres, d'arbustes et de plantes originaires de ladite zone. Le procédé interventionniste permet d'accélérer la colonisation naturelle, et il est parfois efficace. Quand les activités humaines ont tellement abîmé le lieu que les plantations ont du mal à y pousser, il ne l'est malheureusement pas.

La seconde méthode demande plus de temps, mais elle est souvent plus efficace. Si nous arrêtons nos activités destructrices dans un endroit, le cycle de la vie peut y reprendre. Les premières plantes à revenir vont changer le caractère du sol, l'hydrologie du lieu, l'albédo de la surface…, ce qui permettra à d'autres espèces de s'y installer. Ces dernières espèces vont à leur tour modifier les propriétés de l'endroit et permettre à d'autres espèces de s'y épanouir, et ainsi de suite jusqu'à une relative stabilité de la zone.

Nous entendons souvent qu'il faut planter des arbres partout pour « sauver le climat ». Cette approche n'est pas permacole ! Il y a des zones à reboiser, oui. Mais il est inutile de planter à tout va. L'approche permacole incitera plutôt à opérer en amont : avant d'agir, on décidera si une zone est destinée à la vie sauvage – elle ne sera donc pas exploitée par l'espèce humaine – ou si elle peut être utilisée par les gens du coin. Dans ce dernier cas, il est évident que la stratégie la meilleure ne sera pas de « planter des arbres », même si les variétés sélectionnées sont adaptées au lieu : il faudra créer des zones en agroforesterie.

En bref, retenons que la forêt n'est pas la seule forme existante d'écosystème.

Planter des arbres ne suffit pas !

20 % de la surface de la terre est faite de savanes et de prairies. Si nous plantons des arbres dans des zones de prairies et de savanes, nous perturbons la biodiversité, or les savanes et les prairies stockent environ 34 % du carbone terrestre. De manière plus globale, 4 000 milliards de tonnes de carbone sont stockés dans nos sols.

Durant les deux derniers siècles, nous avons évacué 133 milliards de tonnes de ce carbone des sols et 1,9 milliard d'hectares de terre ont été dégradés.

Qu'est-ce que le carbone bleu ?

Le carbone dit « bleu » est le carbone retenu dans la végétation marine. En effet, les zones maritimes, les prés-salés, l'herbier marin et les mangroves stockent ce carbone « bleu ». 50 à 70 % du carbone qui se trouve stocké dans les sédiments des océans viennent de ces zones.

Les schorres, aussi appelés prés-salés, stockent le carbone cinquante fois plus vite que les forêts tropicales humides, grâce à leur plus forte croissance.

Or, nous perdons chaque année 2 à 7 % de ces zones par le drainage des zones humides, la bétonisation et la pollution.

Que sont les tourbières ?

Les tourbières sont des zones humides caractérisées par leurs sols concentrés en matières organiques. 2 à 5 % des sols terrestres sont des tourbières.

Ce sont les écosystèmes qui stockent le plus de carbone (trois à cinq fois plus que les autres écosystèmes). Entre 14 et 20 % de ces sols sont pourtant détruits, et les terrains sont utilisés pour l'agriculture et la foresterie.

La perte de 20 % de ces sols déjà détruits depuis le début du XXe siècle représente un total de 1 298 mégatonnes de CO_2 libérées dans l'atmosphère.

10. Dépolluer tous les écosystèmes contaminés par les activités humaines

D'abord, nous devrions arrêter toute forme d'activité polluante. Puis il faudrait faire un bilan des zones contaminées afin de savoir où elles le sont et par quoi elles le sont.

Pour les lieux qui sont malheureusement impossibles à dépolluer avec nos connaissances actuelles, par exemple les zones hautement radioactives et les zones contaminées par des produits ou sous-produits chimiques, il faut les laisser tranquilles : ils seront vite colonisés par de nombreuses formes de vie et deviendront par la suite des zones naturelles.

Les endroits contaminés par des déchets que l'on sait traiter peuvent être nettoyés et revalorisés. Plusieurs mouvements citoyens ont d'ailleurs montré l'exemple, le plus connu d'entre eux étant sans doute Let's do it[3].

3. Pour en savoir plus, voir leur site Internet (en anglais) : www.letsdoitworld.org.

Il est désormais essentiel de changer nos systèmes de production et de consommation, et de promouvoir les changements socio-écologiques à l'échelle locale.

En effet, les gouvernements ne peuvent pas agir suffisamment vite face aux crises d'aujourd'hui. Trop nombreux sont ceux également qui ne veulent pas agir. Sans compter que depuis cinquante ans, les mêmes personnes, toujours au pouvoir ou représentées par leurs héritiers, continuent de prendre les décisions qui nous ont menés là où nous en sommes aujourd'hui. Vous, vous pouvez agir au sein de votre commune, vous pouvez la reconstruire, vous pouvez vivre mieux et en meilleure santé. Vos actions collectives peuvent devenir un bel exemple qui incite d'autres personnes à transformer leurs communes. C'est un engagement concret, conscient et joyeux. Quand toutes les communes seront devenues des communes éthiques et écologiques, les logiques qui auront mené à l'effondrement de nos sociétés ne seront plus d'actualité.

11. Restructurer nos économies

La permaculture, c'est aussi la recherche de solutions adaptées aux contextes et qui sont simples et efficaces. Nous avons, par exemple, toujours valorisé le localisme plutôt que le globalisme, et une partie de ce localisme repose sur le développement des économies de proximité. Je peux m'assurer de la qualité des biens que je veux quand ils sont produits près de chez moi, et, encore mieux, je peux connaître les producteur·trice·s. Les systèmes de production et de consommation actuels détruisent la biosphère, créent des ploutocraties et produisent des biens de piètre qualité – les permaculteur·trice·s ne sont pas les seuls à l'avoir constaté.

12. Réinventer nos systèmes de gouvernance et d'administration

L'écologie nous a montré l'importance de la diversité et l'existence des liens d'interdépendance. Face aux crises actuelles, nous avons besoin de l'intelligence, des idées et de la coopération de tous pour trouver les solutions permettant d'éviter l'effondrement de nos sociétés. La question est donc de savoir comment faire évoluer nos systèmes de gouvernance afin qu'ils soient adaptés aux humains, à leur diversité, à leurs terroirs, à leurs cultures, et respectent la planète. Cette question, complexe, sera traitée dans la partie III, « Organisation sociale et politique en permaculture ».

13. Rendre les villages et les communes rurales plus attractifs

La croissance des villes est extraordinaire. On estime qu'au niveau mondial, environ trois millions de personnes se déplacent chaque semaine pour aller habiter en ville[4]. *En 2015, environ 28 % de la population de l'Union européenne vivait en zone rurale*[5]. *La population de la Lituanie était la seule à toujours habiter majoritairement à la campagne (56,2 %)*[6]. *Des milliers d'habitants de l'Union quittaient chaque année les grandes villes pour les banlieues, les plus petites villes ou la campagne*[7]. *Entre 2010 et 2015, la population rurale de l'Union a augmenté de 1,7 %*[8].

Les villes bien réorganisées peuvent être des lieux agréables à vivre. Cela dit, il doit y avoir un équilibre entre le nombre de personnes qui habitent en ville et celles qui habitent à la campagne. En ce moment, le déséquilibre est trop important. Les raisons sont nombreuses, et la liste établie par le sociologue Everett S. Lee reprise dans le chapitre « Ma commune rurale ». La question est donc : comment rendre la campagne et ses villages attractifs ? Comment faire en sorte que les gens qui y sont y restent et comment faire pour que les citadins quittent les villes surpeuplées et réhabitent dans les campagnes désertées ? Il faut passer par une restructuration des économies rurales. La permaculture économique sera évoquée dans la partie « Les stratégies économiques permacoles ».

14. Créer des villes adaptées aux humains qui ne dégradent pas l'environnement

Une grande partie de ce livre est consacrée à l'histoire et au futur des villes. Dans le contexte de la reconstruction socio-écologique – pour nous centrale –, les villes ont en effet un rôle majeur à jouer. Nous avons créé des environnements qui ne savent prendre soin ni de la Terre ni des humains. Grâce au large éventail des recherches menées dans plusieurs disciplines, nous avons maintenant les connaissances nécessaires pour rebâtir nos villes. Les villes permacoles de demain seront très différentes des villes d'aujourd'hui ; leur impact sur la Terre et les humains sera positif, donc à l'exact opposé de ce qu'il est actuellement pour tous : néfaste.

---

4. United Nations-Habitat, *State Of The World's Cities 2008/2009 – Harmonious Cities*, 2009.
5. Eurostat, « *Statistics on rural areas in the EU* », Europa, février 2017.
6, 7, 8. *Ibid.*

Chapitre II

La grande transition : aux origines des villes

L'humain a la mémoire courte : nous avons oublié que toutes nos connaissances et nos façons d'être actuelles sont très récentes. Il y a dix ans, le monde et les technologies étaient différents. Et si nous parlons d'il y a cent ans seulement, le monde d'alors est difficile à concevoir pour nous aujourd'hui.
Si nous évoquons le Paléolithique, la période sera encore plus difficile à comprendre. Pourtant, les humains y ont aussi mené leur vie : ils mangeaient, dormaient, faisaient l'amour, élevaient leurs enfants…
Les points représentés page suivante peuvent nous donner une idée de la durée qui nous sépare des périodes paléolithiques – celle des chasseurs-cueilleurs – et néolithique – celle de la sédentarisation ; chaque point représente cent ans. Les points verts caractérisent la période postglaciaire qui s'étend du Mésolithique à nos jours.

Perception des durées nous séparant du Paléolithique et du début de l'ère postglaciaire

Pour simplifier, je me suis basé sur 200 000 ans de Paléolithique (**les points noirs**) et 11 700 ans de période postglaciaire en Europe (**les points verts**).

L'importance du contexte en permaculture

En permaculture, nous disons qu'il y a plusieurs grandes voies à explorer pour recueillir les informations nécessaires à la conception d'un projet. Il faut se renseigner sur :

- les habitants du lieu et de ses environs ;
- l'histoire et les traditions du lieu et de ses environs ;
- la flore, la faune et les systèmes naturels du lieu et de ses environs ;
- le paysage, les flux d'eau, le vent… ;
- le contexte géopolitique du pays dans lequel se trouvent le lieu et ses environs.

La présente partie est consacrée à une exploration de l'humain et de ses origines (*cf.* deuxième point de la liste ci-dessus). En tant que permaculteur·trice, si je veux travailler de manière efficace avec les gens, il me faut comprendre mon espèce le mieux possible. Une exploration de notre passé peut donner des indices sur ce que nous sommes et d'où nous en sommes aujourd'hui. Elle peut aussi indiquer quelques pistes à suivre pour bâtir le monde de demain.

Avec 200 000, peut-être 300 000 ans d'histoire – c'est difficile d'être exact –, l'humain d'aujourd'hui est relativement jeune par rapport à la grande majorité des autres animaux qui habitent la planète. Il semble que l'humain ait vécu beaucoup de bouleversements climatiques pendant son histoire. Le plus récent est peut-être celui qui a provoqué le plus grand changement dans nos façons de vivre. Il y a environ 11 700 ans, le monde est passé du Pléistocène à l'Holocène. Ce moment de l'histoire est marqué par le début d'une période interglaciaire. Il y a 120 000 ans, le monde plongeait dans un épisode glaciaire nommé le Würm, le Vistulien ou le Wisconsin. Historiquement, pendant les périodes glaciaires, il y a des moments de réchauffement que nous appelons les périodes interglaciaires. Ces périodes sont marquées par une montée des températures moyennes, la fonte des glaciers, une augmentation des niveaux des océans et de CO_2 dans l'atmosphère.

Pendant les périodes de glaciation, le niveau de CO_2 atmosphérique se situe autour de 200 parties par million (ppm). Pendant les périodes interglaciaires, ce niveau s'élève aux environs de 280 ppm[9].

9. Selon la National Oceanic and Atmospheric Administration (NOAA), Agence américaine d'observation océanique et atmosphérique.

Au début de l'Holocène, certains groupes sont déjà sédentaires. Par exemple, les chasseurs-cueilleurs de la région de Kharaneh IV, en Jordanie, ont commencé à se sédentariser environ 22000 ans avant notre ère. Ils ont été attirés par l'abondance des plantes des marais (les Joncacées et les Cypéracées), et se sont surtout fixés parce qu'ils pouvaient compter sur ces plantes qui poussent bien, même en période de sécheresse. Ces peuples ont bâti des silos de stockage des plantes et des graines qu'ils ont cueillies ou ramassées, et ceci environ mille ans avant le développement des villes[10].

Des chasseurs-cueilleurs aux sédentaires

La suite, c'est l'évolution des grands villages entourés par des champs de cultures : ces villages ont attiré des populations diverses et sont devenus les premières villes. Le succès des protovilles et l'accumulation des richesses qu'elles ont générée ont attiré d'autres peuples prédateurs. Les citadins ont alors fortifié leurs villes et les ont entourées de remparts. Il est important de noter toutefois que beaucoup d'humains ont continué à mener une vie de chasseur-cueilleur et que des peuples vivent encore ainsi de nos jours. Nous pouvons nous demander si certaines incompréhensions ont été à l'origine de conflits entre les chasseurs-cueilleurs et les sédentaires. Les sédentaires considéraient sans doute les champs cultivés et les récoltes qui s'y trouvaient comme leur appartenant, alors que la propriété privée est un concept forcément difficile à appréhender pour les peuples nomades[11].

Il est très compliqué de savoir pourquoi de nombreux groupes d'humains ont décidé, il y a 10000 ans, de devenir cultivateurs. Il est également difficile de comprendre pourquoi cette forme de vie a eu un tel succès, au point qu'aujourd'hui il ne reste que très peu de peuples nomades et que l'immense majorité des humains sédentaires dépend totalement des systèmes agricoles pour sa survie. Il est sûr que dans ce que nous appelons « le Croissant fertile », plusieurs types de plantes ont profité de la montée du niveau de CO_2 atmosphérique de l'époque, parmi lesquelles les Cypéracées et les Poacées (anciennement Graminées), ancêtres de plantes très cultivées aujourd'hui – le riz (*Oryza sativa*), par exemple, appartient à la famille des Poacées. Le soja (*Glycine max*) semble aussi avoir été domestiqué il y a 9000 ans déjà. La sédentarisation a permis une croissance de la population agricole, et il est possible que les protoagriculteur·trice·s aient simplement trouvé que la culture de ces plantes leur permettait de produire des surplus pouvant être stockés et utilisés pendant les périodes de pénurie. Une autre hypothèse serait qu'une femme sédentaire peut avoir plus d'enfants qu'une femme nomade, cette dernière ne pouvant

10. Ian Kuijt, *et al.*, « *World's Oldest Known Granaries Predate Agriculture* », *ScienceDaily*, n° 27, octobre 2009.

11. Université Harvard, « *New Evidence: Urbanization Did Not Originate With Centralized Political Power* », *ScienceDaily*, août 2007.

porter qu'un enfant à la fois sur les distances exigées par son mode de vie. Jean-Pierre Bocquet-Appel a estimé qu'une femme nomade est limitée à 4 à 5 enfants en moyenne, mais qu'une femme sédentaire peut avoir 7 enfants en moyenne[12].

Après la domestication des plantes est apparue celle des animaux : d'abord les moutons, les chèvres et les cochons, dans l'ouest de l'Asie, il y a respectivement 10 500, 10 000 et 9 000 ans; puis les vaches dans l'est du Sahara, il y a 9 000 ans, et les poules en Asie, il y a 8 000 ans.

Les agriculteur·trice·s du Néolithique sont arrivé·e·s en Europe il y a environ 8 500 ans, et leurs pratiques ont été adoptées très vite par les populations de chasseurs-cueilleurs habitant cette région du monde.

L'impact de la révolution agricole du Néolithique

Les retombées de cette grande transition sur l'évolution de l'espèce humaine ne sont pas anodines :

La sédentarisation a marqué le début d'une forte croissance de la population humaine.

- La masse osseuse des agriculteur·trice·s était de 20 % moins importante que celle de leurs ancêtres nomades, leurs os étaient donc plus fragiles[13].
- Les agriculteur·trice·s sont devenu·e·s plus petit·e·s que leurs cousins chasseurs-cueilleurs[14].
- Les peuples chasseurs-cueilleurs, qui bénéficiaient de régimes alimentaires plus variés que les agriculteur·trice·s, avaient moins de carences en minéraux et étaient moins sensibles aux infections[15].

Les agriculteur·trice·s souffraient plus des gencives et des dents que les nomades.

---

12. Jean-Pierre Bocquet-Appel, *The Neolithic Demographic Transition and its Consequences,* Springer, 2008.
13. Timothy M. Ryan, *et al.*, « *Gracility of the Modern Homo Sapiens Skeleton Is the Result of Decreased Biomechanical Loading* », *PNAS*, n° 2, janvier 2015.
14. Amanda Mummert, *et al.*, « *Stature and Robusticity During the Agricultural Transition: Evidence From the Bioarchaeological Record* », *Economics and Human Biology*, n° 3, juillet 2011.
15. Katharina Fuchs, *et al.*, « *Infectious diseases and Neolithic transformations: Evaluating biological and archaeological proxies in the German loess zone between 5500 and 2500 BCE* », *The Holocene, SAGE Pub Journals*, n° 29, 2019. Vered Eshed, *et al.*, « *Paleopathology and the Origin of Agriculture in the Levant* », *American Journal of Physical Anthropology*, n° 1, septembre 2010.

Les sociétés qui se sont développées à la suite de la révolution agricole étaient – et sont toujours – moins égalitaires que ne l'étaient les sociétés nomades, la période marque donc le début des sociétés d'élites et de roturiers.

La « révolution de l'urbanisation » qui a suivi la révolution agricole néolithique a vu le développement des protovilles puis des villes.
La promiscuité entre les humains en ville et une mauvaise gestion des déchets a favorisé la transmission d'infections provenant souvent des animaux domestiques, les parasites qui les infectaient ont commencé à infecter également les humains.

Tous les inconvénients que nous venons d'énumérer font qu'il nous est parfois difficile de comprendre le caractère exceptionnel de cette transition ; elle a pourtant provoqué une révolution dans l'organisation et la gestion de notre quotidien. Au XXe siècle, des anthropologues ont étudié de nombreuses sociétés de chasseurs-cueilleurs. Elles s'organisaient en bandes de vingt à cinquante personnes qui se déplaçaient pour suivre les animaux qu'elles chassaient et trouver les plantes qu'elles mangeaient. Les rencontres entre bandes étaient très recherchées et se déroulaient la plupart du temps de façon paisible. Les humains avaient en effet compris les conséquences néfastes de la consanguinité, et donc l'importance de trouver des personnes éloignées génétiquement pour se reproduire. À l'intérieur des bandes, les membres prenaient leurs décisions par consensus, les biens étaient communs et partagés. La majeure partie de ces groupes était non violente : chacun favorisait la coopération plutôt que la compétition. Les sociétés étaient équitables et égalitaires ; la discrimination entre les hommes et les femmes n'existait pas – il n'y avait pas de sexisme, si vous préférez[16].

Les sociétés néolithiques qui ont suivi, comme nos sociétés actuelles, ont une organisation presque à l'opposé de celle des chasseurs-cueilleurs. Je n'ai pas trop besoin de lister ces différences, elles sont autour de nous en permanence. Cela dit, il y a toujours de nombreux questionnements chez les chercheurs, et plusieurs théories restent difficiles à vérifier.

Il est intéressant de noter qu'une des conséquences – peu souvent évoquées – du grand bouleversement néolithique a été une augmentation du stress subi par les sédentaires. À partir de là, le partage équitable, pratique centrale dans les groupes de chasseurs-cueilleurs, a commencé à disparaître ; il a été remplacé par la monopolisation des biens et des ressources. Le stress chronique a par ailleurs tendance à provoquer des réactions agressives qui augmentent le stress et… nous placent au centre d'un cercle vicieux.

16. Richard B. Lee, « *Reflections on Primitive Communism* », 1988, dans Tim Ingold, *et al.*, *Hunters and Gatherers*, Bloomsbury Academic, t. I, 1997.

Parmi les questions soulevées par l'instauration de pratiques collectives inégalitaires, il y a celles-ci :

- Pourquoi l'administration de nos sociétés est-elle organisée de façon « pyramidale », avec une élite minoritaire qui gère pourtant les affaires de la majorité ?
- Pourquoi la compétition est-elle tellement valorisée, alors que chez les chasseurs-cueilleurs, la coopération avait une importance fondamentale ?
- Pourquoi subissons-nous des guerres et des conflits armés ?

Je pourrais continuer avec les questions – la liste serait longue –, mais là n'est pas le sujet : il est important par contre de comprendre que ces évolutions peu souhaitables étaient évitables.

Chapitre III

La South-East London Permaculture (SELP), exemple d'un projet en permaculture urbaine

Je suis paysan et la campagne est mon environnement naturel, mais j'ai aussi vécu en ville. En expérimentant la vie de citadin, j'ai découvert le fonctionnement et surtout les dysfonctionnements des villes. Lorsque j'ai commencé ma carrière de permaculteur, en 1988, j'habitais un quartier populaire du sud-est de Londres. Mes premières expériences dans le domaine de la permaculture ont donc concerné la permaculture urbaine.

En 1990, j'ai rencontré plusieurs personnes dans mon quartier qui, comme moi, avaient suivi une formation en permaculture. Nous avons décidé de lancer ensemble un projet urbain dont la réalisation suivrait trois étapes : la définition d'une vision commune, l'élaboration puis la mise en œuvre d'une conception permacole pour le quartier.

Trouver une vision commune

D'abord, nous avons fait des réunions pour « imaginer une ville idéale, simple, jolie et ergonomique ». L'objectif était de simplement libérer l'imaginaire, sans contraintes ni limites, et d'arriver dans nos têtes à une représentation de la ville parfaite. Par la suite, nous avons confronté nos différentes visions afin de trouver un consensus.
Chacun d'entre nous souhaitait travailler dans le quartier sans plus avoir besoin de se déplacer ailleurs en ville.

Nous avons pensé l'immobilier autrement pour qu'il soit plus ergonomique, moins énergivore, plus joli et moins imposant.

Nous souhaitions créer des jardins potagers, des forêts nourricières et des minifermes un peu partout.

Travailler ensemble sur une conception permacole du quartier

Nous avons commencé à concevoir, sur le papier, la ville de nos rêves. À quoi ressemblerait-elle cette ville? D'abord, elle était pleine de verdure, d'arbres, d'arbustes, de jardins et de parcs. Avec le placement stratégique des haies, des vergers, des lacs et des canaux, nous avons voulu donner l'impression aux habitants qu'ils vivaient dans une ville pleine de villages. De villages urbains.

Mettre en œuvre la conception permacole retenue

Commençons par planter le décor. Les membres de notre groupe n'étaient pas riches, plutôt le contraire, et nous habitions, pour la plupart, des appartements ou des maisons de location. Toutefois, il y avait, dans le groupe, une assez grande variété de compétences et de savoir-faire.

Nous avons donc entrepris de réaliser des repérages afin de voir ce qui poussait déjà sur place. Dans le quartier, il y avait par exemple des jardins particuliers avec des arbres fruitiers. Nous sommes allés frapper à la porte de ces maisonnées pour demander aux résidents ce qu'ils faisaient de leurs fruits. Parfois, ils les récoltaient. Parfois, ils ne voulaient ou ne pouvaient pas le faire, ou ne le voulaient ou ne le pouvaient plus. Nous avons négocié au cas par cas, avec chacun, et finalement nous avons récolté tous les ans une quantité de fruits assez considérable.

Il existe aussi dans les villes des espaces ouverts – souvent un parking, parfois un jardin pavé ou un toit : nous les avons repérés, et, en nous basant sur diverses approches, nous les avons progressivement transformés en zones de production.

Enfin, avant de commencer à installer un jardin potager en ville, il faut mener quelques investigations pratiques, évaluer la viabilité du projet et définir un mode de fonctionnement et de gestion.

Étudier le terrain

Nous nous sommes posé plusieurs questions auxquelles nous avons dû répondre. Y avait-il eu, dans l'histoire du lieu/de la parcelle/de l'endroit, des activités susceptibles d'avoir contaminé le sol?

J'ai eu l'occasion de travailler plusieurs fois en Turquie. Une fois, à Istanbul, un groupe de personnes souhaitait créer des jardins de cultures sur un terrain appartenant à une université. Quelques recherches ont montré que le sol était contaminé au plomb suite à la présence d'une usine de batteries démolie avant la construction de l'université.
Valait-il la peine de dépenser de l'énergie et de l'argent pour enlever ce qui couvrait le sol (goudron, ciment…) ? Un mètre carré de surface goudronnée en moins peut produire un mètre cube de remblai, souvent bien plus. Qu'allions-nous faire de ce remblai ?
Le lieu était-il proche d'un endroit pollué (par exemple, une route) ? Se trouvait-il à proximité d'un endroit traité avec des pesticides (une voie ferrée, par exemple) ? Etc.
Les gens du coin, des maisons ou de la barre d'immeuble voisine, soutiendraient-ils le projet ? Nous avons, par exemple, passé pas mal de temps à négocier l'utilisation des zones de gazon qui se trouvaient autour des barres d'immeubles. Parfois, c'était compliqué : « Votre jardin va attirer des rats. » « Pourquoi n'achetez-vous pas vos légumes au supermarché, comme tous les gens normaux ? » « Êtes-vous sûrs que l'on puisse manger comme ça les fruits d'un arbre ? Il faut les traiter avant, non ? » Avec un peu d'écoute, il a été possible de convaincre tout le monde des avantages du projet.

À Londres, nous avons ainsi pu réhabiliter une parcelle géniale – notre plus grande difficulté a été que les voleurs de voitures y abandonnaient leurs véhicules, et parfois même les y brûlaient.

Évaluer la faisabilité du projet

Pour satisfaire nos objectifs, nous avons dû réduire autant que possible nos dépenses – ça ne signifie pas pour autant partager une bougie à cinq ou se laver dans les fontaines de la ville, sauf bien sûr si vous en avez envie ! Nous avons mis au point une méthode qui devait nous aider à « colmater les fuites », car nous avions tous des revenus – même modestes –, mais la plupart d'entre nous se retrouvaient avec des dépenses trop importantes : les « fuites ». Alors, comment faire ?

D'abord, nous avons fait un bilan financier pour chaque membre.
- Quel est le revenu de base et comment l'argent est-il gagné ?
- Quelles sont les dépenses obligatoires (loyers, dettes, électricité…) ?
- Quelles sont les dépenses liées aux loisirs ?
- Quelles sont les compétences ou les ressources disponibles, mais non utilisées ?
- Quelle est l'activité souhaitée par chacun ?

L'argent est un moyen d'échange, et nous ne pouvions justement pas avoir accès aux compétences et aux ressources des autres, car nous manquions d'argent pour faire des échanges. Inspirés par les travaux de Michael Linton, nous avons alors décidé de créer notre propre système d'échange local (SEL). Trois personnes ont pris en main la création d'un système de comptes sur ordinateur. Par la suite, ces personnes ont publié un dépliant listant les offres et les demandes des membres du SEL. Nous avons compris rapidement que les échanges peuvent être optimisés si les gens se connaissent et se rencontrent régulièrement. Nous avons donc organisé une série de fêtes, de concerts et de conférences, notre grande priorité étant que les gens d'abord se rencontrent et s'amusent puis qu'ils s'engagent à faire des échanges.

Au début, comme souvent avec de tels systèmes, ce fut un peu laborieux, avec peu d'échanges et un manque d'offres diversifiées. Notre solution ? Aller chercher les gens où ils se trouvaient, dans les pubs et les bars ! Un travail onéreux, certes, mais nécessaire… et qui a porté ses fruits. Notre système d'échange est passé assez vite d'une trentaine de membres à plus d'une centaine, et un an plus tard, nous étions plus de deux cents. Les offres et les demandes se sont diversifiées et progressivement sont devenues plus intéressantes : vêtements, produits frais et conserves, mécanique, entretien, réparations… la liste était longue.
Grâce au SEL – et à l'entretien de véhicules, au bricolage ou au troc de vêtements –, les dépenses de la vie quotidienne se sont amenuisées, et l'argent épargné était disponible pour être utilisé autrement.

Tout le monde a un service ou une compétence à offrir

Un jour, pour répondre à la demande d'un ami, une dizaine d'entre nous sommes partis chez lui pour l'aider à se débarrasser de ses rhododendrons. Parmi nous, un nouveau membre de notre SEL, un type taciturne et, au moins le semblait-il, très timide. Aidés de serpes aux longs manches, nous nous sommes mis à couper les arbustes. Au bout de deux heures, fatigués, nous nous sommes tous retrouvés pour faire une pause. Tous sauf un : le nouveau, John. Quelqu'un est parti le chercher, mais il est revenu seul et nous a demandé de le suivre. Nous avons retrouvé John en pleine activité, en train de couper les plantes avec un geste d'une efficacité impressionnante. À l'inverse de nous, aucune goutte de transpiration ne coulait sur son front ; il semblait infatigable, comme un char d'assaut. Nous avons appris plus tard qu'il sortait à peine de dix ans d'entraînement à plusieurs arts martiaux japonais. Il avait été longtemps en immersion totale et avait beaucoup étudié l'iaijutsu, l'art de dégainer un sabre et de couper avec lui, ce qui expliquait la précision de ses gestes et l'efficacité de ses coupes.

Fascinés et désireux d'acquérir sa fluidité et son efficacité, nous sommes parvenus à le convaincre de nous entraîner. Il s'était jusqu'alors demandé quels services ou produits proposer au sein de notre SEL… La question s'étant résolue d'elle-même, il a organisé pour nous un petit dojo.

Définir le fonctionnement de notre SEL

Nous avons choisi de baser notre système d'échange sur les éléments suivants :
- une tenue de comptes sur ordinateur gérée par deux bénévoles;
- un carnet de chèques pour chaque membre;
- un bulletin des offres et des demandes publié tous les mois;
- des rencontres festives organisées deux fois par mois, parfois plus souvent.

Les comptes de tout le monde commençaient à zéro. Dans le cas d'un échange entre A et B, si A « achetait » à B un service pour x SEL, le compte de A était débité de x SEL et le compte de B crédité de la même somme. Il n'était donc pas nécessaire d'avoir un compte créditeur pour commencer à échanger.

Un des rôles des administrateur·trice·s du système était de veiller à l'évolution des comptes de chacun. Non pas pour des raisons de sécurité, mais pour vérifier que les échanges allaient dans les deux sens chez tout le monde. Parfois, comme avec John dans l'exemple mentionné précédemment, certains avaient en effet du mal à trouver ce qu'ils pouvaient proposer. Dans ce cas, il était essentiel de les aider.

Notre système était par ailleurs « fondant » : à la fin de chaque mois, si quelqu'un avait « stocké » sur son compte des crédits en excès, il était débité de 2 % de la somme dépassant le seuil fixé. Le but était d'encourager les gens à échanger et non pas à stocker leurs crédits, ce qui n'aurait pas de sens dans un tel système et, même, serait contraire à son bon fonctionnement.

Gérer la nourriture et rejoindre un groupement d'achat solidaire (GAS)

Comme nous l'avons évoqué précédemment, nous avons pu trouver des fruits à récolter dans de nombreux jardins du quartier. Nous avons aussi pris en charge deux terrains que nous avons transformés par la suite en jardins-forêts (mélange de légumes annuels et pérennes avec des arbres et arbustes pérennes). Nous avons utilisé enfin des zones pavées, des balcons et les rebords de fenêtre des maisons et appartements pour planter.

Nous avons même réussi quelque chose de plus compliqué : transformer deux toits d'immeubles en jardins. Il ne faut pas oublier qu'en 1990, beaucoup des techniques et des matériaux auxquels nous avons accès aujourd'hui n'existaient pas. À l'époque, plusieurs éléments ont dû être pris en compte : la capacité de charge du toit, la sécurité, la protection du support, le milieu de culture, le drainage, l'irrigation, l'exposition.

La capacité de charge du toit peut être calculée par un ingénieur ; le plus simple est de travailler en kilogrammes par mètre carré. Nous avons utilisé des pneus et des palettes pour créer nos jardins. C'est relativement simple de calculer la masse des matériaux utilisés ainsi que celle du sol mouillé.
La sécurité des personnes qui vont installer les jardins et de celles qui prendront le relais quand l'installation sera terminée est primordiale. Il y a des normes à respecter sur ces aspects de sécurité.
La protection du toit est également essentielle. Aujourd'hui, nous avons un large choix de produits destinés à la création de toits végétalisés ou de toits-terrasses. Ces membranes préserveront l'étanchéité du toit.
Un milieu de culture, enfin, est utilisé plutôt que de la terre, en général trop lourde. Le milieu doit avoir une bonne capacité de rétention de l'humidité, et en même temps une bonne capacité de drainage afin de ne pas être saturé. La tourbe n'est pas une option en permaculture : il est fondamental de préserver les tourbières pour qu'elles restent intactes. Nous utiliserons donc de préférence des matériaux disponibles localement : du compost, des écorces d'arbres compostées, un broyat de jeunes branches mélangé à du sable. Nous pouvons aussi composter des feuilles d'arbres, mais ce type de ressources prendra parfois plusieurs années avant d'être transformé en compost – et exploitable. Le processus, toutefois, peut être accéléré si les feuilles sont broyées et mélangées avec une matière riche en azote. Il est possible d'utiliser, par exemple, le compost issu des toilettes sèches, mais seulement pour les arbres et arbustes, et à condition que vous soyez vraiment sûrs que la température du tas ait suffisamment monté pendant le processus de compostage.
Une sous-couche drainante est généralement utilisée sous le milieu de culture, et il faut vérifier régulièrement que les drains du toit ne se bouchent pas.
Pour irriguer les plantes, nous installons aussi très souvent des systèmes de goutte-à-goutte sous une couche de mulch (paillis).
Il est enfin souhaitable – et parfois essentiel – de créer une demi-ombre pour les cultures. On peut utiliser des treillis sur lesquels pousseront des plantes grimpantes.

Dans certaines villes, il est possible de trouver assez de surface pour les grandes cultures : blé, orge, lentilles, pois chiches… Pour nous, ce n'était pas possible. Nous avons donc choisi d'agrandir un groupement d'achat qui existait déjà, et pour nos besoins en légumes, nous l'avons relié à une ferme bio qui se trouvait non loin de notre quartier. Grâce à ces initiatives, les membres du projet ont pu avoir accès à une nourriture variée, bio, moins chère qu'auparavant et produite en partie localement.

Autres dépenses que nous étions décidés à réduire : les dépenses d'électricité et de gaz (éclairage, chauffage) qui, pour la plupart d'entre nous, étaient les dépenses majeures de nos différentes habitations. Comme je l'ai déjà dit, la majorité des membres du projet était locataire. Les possibilités de réduire nos dépenses étaient donc limitées. Avec un peu d'imagination, cependant, il est possible de trouver des solutions. Par exemple, chez moi, les fenêtres étaient à l'origine du simple vitrage. Avec un cadre en bois et des bâches transparentes, j'ai fabriqué des miniserres qui se posaient sur le rebord extérieur des fenêtres avec une double fonction : faire profiter d'une sorte de « double vitrage » et permettre d'utiliser l'espace intermédiaire créé pour faire pousser des plantes en pots. Cette solution fut adoptée aussi par d'autres membres du groupe. Par la suite, avec des chantiers participatifs, nous avons amélioré l'isolation dans chaque habitation, nous avons ouvert des cheminées pour installer des poêles à bois[17], et, avec des serres ou des vitres de récupération, nous avons doublé le vitrage des fenêtres – voir la première photographie du cahier couleurs.

Grâce au SEL et aux achats groupés, les membres du projet ont dépensé moins, et ils ont pu investir ce qu'ils n'avaient pas dépensé dans des ampoules basse consommation. Je tiens à dire que nous ne cherchions pas à vivre durement, nous souhaitions juste vivre mieux en dépensant moins. Nous avons été ravis que ce soit le cas après quelques mois.

Le SEL et nos initiatives en général ont stimulé chez beaucoup une saine créativité par rapport à nos activités « gagne-pain ». Une personne a par exemple suivi une formation pour devenir apicultrice. Avec l'aide du groupe, elle a par la suite fabriqué 40 ruches qui ont été installées sur plusieurs toits du quartier. Deux autres personnes ont proposé des vêtements remis à neuf ou confectionnés de toutes pièces à partir de tissus récupérés. Grâce à une vieille photocopieuse réparée par un membre du groupe, nous avons lancé la revue *Urban Permaculture,* ainsi que des livrets expliquant la permaculture et notre projet.

Au début, cultiver sur place suffisamment de fruits et légumes pour tout le groupe n'était pas possible. C'est la raison pour laquelle j'ai contacté une ferme bio située pas très loin de Londres et qui livrait ses produits en ville. Je recevais chaque semaine une grosse livraison dans mon appartement, et les membres du groupe passaient au fur et à mesure chercher chacun son panier. Par la suite, on m'a proposé de m'occuper d'une ferme abandonnée, à quelques kilomètres au sud de Londres, dans le Kent. J'ai accepté avec l'objectif de produire les fruits et légumes nécessaires pour le groupe à Londres. La première année fut

17. Nous nous sommes aperçus qu'en ville, il est possible de trouver du bois de chauffage assez facilement – soit des morceaux de palette jetés dans les bennes soit le bois coupé par les élagueurs qui ont taillé les arbres du quartier. Dans un système permacole, chaque élément doit avoir plusieurs fonctions. Les poêles que nous avons fabriqués ou achetés chauffaient les habitats, mais il était possible de les utiliser aussi pour la cuisson. Certains poêles étaient même équipés d'un bouilleur intégré qui chauffait l'eau.

rude, il n'y avait pas de bâtiment sur la ferme. J'étais aidé et accompagné par un copain motivé, et nous avons passé l'hiver sous tentes.
Pour avoir de l'eau, nous avons nettoyé le puits qui avait été rempli de déchets par l'ancien propriétaire, une pratique lamentable mais assez commune.

L'ancien propriétaire était éleveur, mais ses champs n'étaient plus pâturés depuis longtemps – ils n'avaient pas été utilisés pendant de nombreuses années – et ils étaient couverts de chardons, plante témoin d'un sol compact.
La présence en abondance de lapins nous a par ailleurs obligés à entourer les lits de cultures d'une solide clôture. Le sol étant assez argileux, nous avons créé des plates-bandes surélevées en utilisant une technique simple : creuser les chemins d'accès et empiler la terre ainsi dégagée sur le futur lit de culture. Une partie du domaine était occupée par une forêt de châtaigniers anciennement gérée par recépage, mais depuis longtemps abandonné. Nous avons dû le remettre en état, ce qui a produit beaucoup de bois de chauffage et de bois d'œuvre que nous avons mis de côté pour la construction d'une grange.

Quel bonheur, cette ferme pour les membres du groupe de Londres ! Ils avaient accès libre et gratuit à la campagne. Nous y avons organisé des chantiers participatifs – construction de la grange, aménagement des jardins, travail du bois, etc. –, mais aussi des fêtes, des rencontres, etc. Très vite, nous avons commencé aussi à produire des fruits, des légumes, des champignons et des châtaignes – voir la deuxième photographie du cahier couleurs.

Mon ami et moi avons réussi à améliorer notre confort de vie : d'abord, avec deux caravanes, et par la suite, avec un mobile home offert par un autre ami. C'était mon petit chez-moi, mais aussi le bureau de l'Association britannique de la permaculture. Et surtout une bonne leçon : ne pas trop mélanger son espace de vie et son espace de travail ! Je me suis procuré un autre mobile home pour y vivre avec ma compagne, Cloé. Notre fils y est né, une nuit de neige en février, entouré de bougies, car nous n'avions pas d'électricité. Quant à l'eau pour la cuisine et la toilette, je la cherchais toujours dans le puits qui n'était pas à côté de l'habitation, mais bien plus bas. C'était une tâche fatigante, mais nous n'avions pas assez d'argent pour acheter une pompe.

La suite ? Plusieurs personnes du groupe ont trouvé les moyens de quitter la ville pour s'installer à la campagne, désormais riches de savoir-faire bien utiles pour un tel changement de vie.

Et ma famille, et moi ? La situation à la ferme est devenue de plus en plus compliquée, le propriétaire ne voulant pas nous accorder les moyens légaux d'occuper les lieux, et cette précarité ne me convenait pas. En 2019, nous sommes partis pour la Bretagne, terre de naissance de Cloé.

Le projet à Londres continuait, mais la gentrification du quartier était lancée, et avec elle la flambée des prix de l'immobilier et des loyers. De plus en plus de membres du groupe ont quitté Londres.

Le SELP a été un succès parce qu'il a su regrouper plusieurs facteurs

Avec des gens bien motivés qui partagent un même état d'esprit, un projet peut avancer très vite. Au début, nous avons choisi de faire en sorte que l'on s'amuse autant que possible, et du coup nous avons organisé régulièrement des fêtes, des concerts, des rencontres, etc. Puis il a fallu lutter contre la gentrification (un sujet que j'aborde plus tard dans le livre). Concernant la ferme, le manque d'argent a clairement été un frein, et il a dû être comblé par une surcharge de travail – nous avons porté l'eau plutôt que d'utiliser une pompe. Il est incontestable qu'un peu plus d'argent nous aurait aidés, et nous aurions pu avancer plus vite.

Depuis cette expérience, j'ai toujours insisté sur l'importance vitale d'un cadre légal pour les gens qui souhaitent partager un projet. Il faut que chaque personne puisse se sentir en sécurité et qu'elle ne risque pas de se faire « virer » du lieu investi par le propriétaire ou un coup dur. Il y a quelques années, j'ai rencontré un homme de soixante-dix ans qui venait de perdre sa place dans un projet, après dix ans d'investissement et d'engagement. Le couple à qui appartenait la ferme, sur laquelle ils avaient travaillé, divorçait et vendait. Le septuagénaire trouvait ça dur et se demandait comment tout recommencer à son âge.

Il est donc vraiment essentiel qu'un projet ait un cadre, légal si possible, qui permette à chacun de rejoindre ou de quitter un projet. À la ferme, l'arrivée d'une personne bien particulière à la ferme a semé la zizanie, car cette personne n'était ni faite pour le projet ni claire dans ses intentions. Elle avait été invitée par la propriétaire, sans concertation avec les personnes déjà sur place.

Partie II
Les stratégies économiques permacoles

L'économie permacole est influencée non pas par les écoles néo-classique ou classique, mais par les théories économiques, écologiques (bioéconomie) et féministes. Percival Alfred Yeomans, Howard Thomas Odum, Masanobu Fukuoka, Robert Hart et Esther Deans sont régulièrement cités lorsque l'on évoque celles et ceux qui ont inspiré la permaculture.
On oublie trop souvent Ernst Friedrich Schumacher, Robert Costanza et Joan Martinez-Alier, entre autres, dont le travail a eu une grande influence sur ce que nous pouvons appeler « la permaculture sociale et économique ».

Les bases de l'économie permacole sont les mêmes que celles de l'éthique. L'économie permacole doit prendre soin de la Terre – agrader l'environnement, et non pas le détruire comme le fait l'économie actuellement – et prendre soin des humains – les biens et la façon de les produire doivent améliorer la qualité de vie, la santé physique et mentale de chacun. Dans cette approche particulière de l'économie, nous retrouvons aussi le concept de l'intergénérationnalité : les activités économiques d'une génération doivent laisser aux générations suivantes un environnement sain et plus de ressources – pas l'inverse. Parfois, on définit ce troisième élément comme un « partage équitable » : il s'agit de créer l'abondance et de redistribuer les surplus. Cette dernière notion, essentielle, mérite d'être développée et expliquée.

Le partage équitable des richesses consiste à répartir les biens et les ressources entre tous. Dans un monde où les ressources sont limitées, il faudrait, selon ce principe, les partager de manière égale. Cette formulation n'est pas satisfaisante. Quand les biens et les services sont limités, il est certes essentiel de les partager équitablement, mais l'objectif des systèmes permacoles étant de créer de l'abondance, les activités réalisées dans le cadre de ce système vont créer des surplus en même temps qu'agrader l'environnement. L'idée de créer de l'abondance et de redistribuer les surplus est donc plus adaptée.

Qu'est-ce qu'un surplus ?

Selon le *Larousse*, c'est la « quantité d'un bien produit au-delà de la demande solvable et qui risquerait de faire effondrer les cours si elle était mise sur le marché ». C'est une définition trop simpliste pour qu'elle puisse nous aider. Dans le monde agricole, un surplus est une production supplémentaire inutile pour les besoins de la société qui l'a créée ; ce surplus peut être soit stocké soit exporté.
En permaculture, la vision du concept de surplus est très différente.

Nous pouvons diviser en trois parties ce qui est produit par un système.

La première partie doit retourner au système pour son propre entretien et sa pérennité (principe permacole : on ne récolte que le soleil et l'eau). Si nous ne respectons pas ce principe, nous épuiserons les ressources essentielles au système et donc nous nuirons à sa durabilité. Nous trouvons dans cette partie les produits qu'il faut stocker. Dans les zones tempérées, nous avons besoin de stocker de nombreuses choses pour l'hiver : denrées, bois de chauffage, etc. Il nous faut aussi des stocks d'intervention, ce sont des denrées ou d'autres biens qui sont stockés pendant plus longtemps dans l'éventualité d'une récolte perdue ou de pénurie.

La deuxième partie est disponible pour des échanges entre individus ou entre communes. En économie, il y a le concept d'« avantage comparatif ». Nous pouvons définir ce concept ainsi : avantages dont bénéficie un territoire par rapport aux autres sur une production donnée. Si j'habite un village qui se trouve près de la mer, il sera facile d'y produire du sel – ce qui ne sera pas le cas dans un village situé loin de la mer. Par contre, ce dernier village aura un avantage par rapport au premier dans la production d'un autre type de biens. La vie sera donc plus simple et plus efficace pour tout le monde, si ces deux communes créent des liens d'échanges – sans perdre de vue les points suivants :

- la commune ou l'individu ne peuvent échanger le surplus que si le système de production et la commune sont bien entretenus ;
- les biens échangés doivent prendre en considération le bien-être des habitants de l'autre commune ;
- les échanges doivent être perçus comme des liens d'interdépendance entre les communes.

La troisième partie comprend la production qui peut être donnée. Mais pourquoi donnerais-je une partie de ma production ? Je peux la vendre ! La réponse est en partie les conséquences du stockage par rapport à la circulation d'une production. Je ne parle pas ici des stocks d'intervention ou des stocks pour l'hiver, mais de biens entreposés qui accumulent la poussière, de produits possiblement utiles aux autres. Nous avons tendance à garder des biens dont nous ne nous servons plus, ou dont nous nous servons peu ou rarement (livres, meubles, voitures, tondeuses, etc.). D'autres personnes qui ont des besoins correspondant à ces objets vont les acheter de leur côté ; l'impact écologique des produits que je stocke chez moi est donc multiplié par le nombre d'achats similaires d'autres personnes. Si le bien ne peut pas être produit dans ma commune, alors l'argent dépensé par ces autres personnes est perdu pour ma commune. Si, en revanche, je fais circuler les biens qui ne me servent pas, l'argent sera économisé pour ma commune. Je vais explorer plus tard dans ce chapitre le concept du « multiplicateur économique ».

Il est important de comprendre qu'en permaculture, tout est interconnecté. Il n'y a pas d'individus ni de communes complètement isolés ou déconnectés de l'environnement. Si j'ai un·e voisin·e dont les pratiques sont polluantes, son comportement aura des répercussions sur mon environnement. Si une industrie pollue, l'air pollué ne stagnera pas autour d'elle, mais il sera transporté par le vent et propagé ailleurs. Ces deux cas sont des exemples d'externalité négative : des dommages sans compensation. Il est possible d'y remédier. Je peux avoir un « surplus » de temps, d'informations, de main-d'œuvre que je peux partager librement. Je peux aussi travailler avec mes voisin·e·s ou avec une industrie pour trouver des moyens d'arrêter la pollution.

La liste des dysfonctionnements des systèmes économiques actuels serait très longue à dresser, et beaucoup s'y sont d'ailleurs déjà attelés. Cette analyse épouse le point de vue permacole, et non pas capitaliste, socialiste, keynésien... Pour nous, les critères sont simples. Ils répondent à une seule question : est-ce que les systèmes économiques actuels sont capables de prendre soin de la Terre et des humains ? Il est évident en effet que si la Terre est endommagée par nos activités, le bien-être et la santé des humains seront affectés aussi.

Hans Rosling a montré que la santé d'une grande partie de la population mondiale est meilleure aujourd'hui que dans le passé[18]. Certes, la mortalité infantile est en baisse, mais il y a une corrélation problématique entre l'amélioration de la santé mondiale ou la réduction de la mortalité infantile et la production croissante de gaz à effet de serre. Le développement économique des siècles derniers a apporté ses bénéfices, oui, mais nous en payons le prix aujourd'hui et nous continuerons à le payer. Une des questions à se poser est la suivante : est-il possible de continuer à améliorer la qualité et l'espérance de vie sans détruire les bases de la vie et les écosystèmes de la planète ? Pour les adeptes de la permaculture, la réponse est oui, mais nous ne pouvons pas continuer à nous comporter comme si de rien n'était. Ce message est l'un des plus positifs qui sortent de l'ingénierie de la permaculture et de ses quarante ans d'existence et d'expérience pratique.

La créativité innée des humains

Chacun est doté de sa propre créativité. Nos systèmes d'éducation et plus généralement nos sociétés doivent être en mesure d'aider chaque personne à trouver la sienne. Nous avons besoin de toute cette créativité et de cette fabuleuse inventivité pour trouver les solutions les mieux adaptées aux crises d'aujourd'hui. L'écologie nous apprend que la diversité est essentielle, elle nous permet de comprendre que nos différences sont magnifiques et doivent être respectées et encouragées. Ce qui est dit ou créé par d'autres peut me bouleverser, m'étonner, m'amener à me poser des questions... et heureusement ! La vie serait triste et grise sans cette diversité.

---

18. Voir ses graphiques et ses représentations visuelles, aussi clairs que colorés, sur son site Internet (en anglais) : www.gapminder.org.

Avant de me lancer dans l'étude de ce qu'est une économie permacole, je pense qu'il est important de comprendre certaines choses concernant l'argent, et surtout soi-même.

Il existe, dans l'économie permacole, un lien entre la perception que j'ai de ma propre vie et mes revenus. Jusqu'à un certain niveau de revenus, la perception positive que j'ai de mon existence augmente avec mon aisance matérielle. Après un certain seuil (75 000 dollars par an pour les États-Unis[19]), ma perception n'évolue plus. Cela dit, il y a une différence entre le jugement que je porte sur ma vie et le bonheur ou le contentement qu'elle me procure et que je ressens. Ces deux derniers sentiments sont beaucoup moins influencés par mes revenus que la manière dont j'évalue mon existence. La sensation de bonheur que je peux éprouver dans la vie est encouragée par un bon réseau social, une certaine curiosité (dans le sens de vouloir apprendre des choses nouvelles), mon tempérament et mes activités[20]. C'est assez extraordinaire, même si ça peut sembler évident, et va à l'encontre d'une idée volontiers propagée par les « riches » dans les magazines et à la télévision, celle qu'être riche égale être heureux. Nous, nous savons que tel n'est pas le cas.

La pauvreté est tout autre chose et ne devrait pas exister dans un pays dit « civilisé ». L'impact du statut socio-économique (SSE) des parents sur leur enfant s'exprime pourtant déjà avant sa naissance. Un enfant issu d'un milieu socio-économique peu favorisé est plus stressé et anxieux que son·sa voisin·e au SSE privilégié. L'environnement dans lequel il va grandir est souvent plus pollué, moins stimulant et plus précaire. Dans la plupart des écoles ouvertes aux enfants d'origine socio-économique modeste, les résultats scolaires sont inférieurs à ceux des enfants issus d'écoles de quartiers plus aisés. Bon, je pourrais continuer et parler de l'impact du SSE sur le développement et le fonctionnement du cerveau, les capacités cognitives, la santé et la longévité… mais ce serait le sujet d'un livre entier. Je veux par contre insister sur quelque chose qui augmente terriblement l'impact du SSE lorsqu'il est déjà bas, c'est la proximité des gens aisés. La plupart des conséquences néfastes de la pauvreté sur les humains (les deux tiers) sont imputables à ce voisinage[21]. Il est temps que ça cesse.

---

19. Daniel Kahneman, *et al.*, « *High income improves evaluation of life but not emotional well-being* », Center for Health and Well-being, Princeton University, 2010.
20. *Ibid.* et Ed Diener, *et al.*, « *Wealth And Happiness Across the World: Material Prosperity Predicts Life Evaluation, Whereas Psychosocial Prosperity Predicts Positive Feeling* », *Journal of Personality and Social Psychology*, n° 1, 2010.
21. Richard Wilkinson, *The Impact of Inequality: How to Make Sick Societies Healthier*, The New Press, 2006.

Il est à noter parallèlement qu'être issu d'une famille riche n'est pas sans conséquence. Je m'explique. Face à quelqu'un en état de crise, à cause d'un accident ou suite à un traumatisme émotionnel par exemple, un·e riche montrera une activité réduite des deux zones cérébrales associées entre autres à l'empathie (le cortex cingulaire antérieur et le cortex insulaire). Pour ainsi dire, plus quelqu'un est aisé, moins il peut faire preuve d'empathie. Les riches ont aussi tendance à surestimer leurs compétences, et ils tombent souvent dans le piège de l'excès de confiance (effet Dunning-Kruger). Dans une entreprise, un individu sûr de lui aura plus tendance à monter dans la hiérarchie, mais tôt ou plus tard le principe de Peter le rattrapera : « Dans une hiérarchie, tout employé·e a tendance à s'élever à son niveau d'incompétence. » Ce principe peut s'appliquer à un système politique aussi bien qu'à une entreprise, mais dans le premier cas, l'incompétence d'un politique peut être vue comme une manifestation de mauvaise volonté.
Je terminerais en évoquant le rasoir de Hanlon : « Ne jamais attribuer à la malveillance ce que la bêtise suffit à expliquer. »

Le produit intérieur brut (PIB)

Le produit intérieur brut (PIB), toujours utilisé par les gouvernements, permet d'établir un bilan de la situation économique d'un pays. De nombreux économistes ont toutefois démontré que cet indicateur est simpliste et expose à des conclusions biaisées : il est dès lors raisonnable de ne plus le considérer comme le baromètre de la situation économique d'un pays.

Voici quelques critiques du PIB tirées du travail de Joseph Stiglitz, prix Nobel d'économie :

- Le PIB ne mesure pas les inégalités. Le PIB peut croître, mais la prospérité qu'il reflète n'est pas répartie équitablement. La croissance économique consécutive à la crise financière de 2008, mesurée grâce aux indicateurs généralement utilisés pour le PIB, ne montre pas que 91 % des gains appartiennent à 1 % de la population.
- Le PIB ne tient pas compte de l'impact des externalités négatives de l'économie, en d'autres termes la dégradation de l'environnement et l'épuisement des ressources naturelles.
- Le PIB donne souvent l'impression qu'il y a un compromis à trouver entre la sécurité financière des personnes – meilleures retraites ou meilleur fonctionnement de l'assistance sociale – et la croissance économique du pays.
- Le PIB est enfin un indicateur utilisé par les gouvernements pour décider des futures politiques budgétaires, alors qu'il ne permet pas de prévoir les risques économiques. Aucune alerte n'a par exemple prévenu les gouvernements ou les marchés financiers de l'arrivée de la crise financière de 2008.

« Seuls de meilleurs indicateurs, qui reflètent véritablement la vie et les aspirations de tous, nous permettront de concevoir et de mettre en œuvre de meilleures politiques pour des vies meilleures[22]. »

Il en va de même pour l'ingénierie de la permaculture : les bilans, les chiffres, les calculs bien faits, sont d'une importance primordiale. Nous ne pouvons pas concevoir correctement un système sans disposer des bonnes données.

Dans une économie permacole, il faut que les externalités positives et négatives soient prises en compte parmi les indicateurs utilisés pour faire les bilans d'une commune, d'un terroir, etc. Ces externalités sont sociales et environnementales. Un indicateur qui ne mesure que la quantité et ne prend pas en compte la qualité ne nous est pas utile. Les indicateurs doivent prendre en compte le social, l'environnemental et l'économique (le SEE).

Le PIB, principale mesure de la situation économique d'un pays, ne prend pas en compte les disparités locales et géographiques du pays, alors même qu'une économie peut être en pleine croissance sans que cette croissance soit homogène. Un politique peut ainsi annoncer que tout va bien, alors que là où je suis, il peut y avoir beaucoup de personnes sans emploi, de dettes et de gens pauvres. C'est un peu comme si les prévisions météorologiques de toute la France étaient basées uniquement sur les conditions atmosphériques de Paris. Face à l'hétérogénéité d'un pays et de ses régions, les indicateurs SSE utilisés pour obtenir une image représentative de la situation économique doivent reposer sur des bilans locaux, et non pas nationaux.

La permaculture est un précurseur du concept de durabilité forte caractéristique de l'économie circulaire. Pourtant, notre approche permet l'utilisation des ressources non renouvelables, mais dans des contextes spécifiques : en cas d'urgence ou de catastrophe, par exemple pour sauver les vies de personnes en danger ; pour la construction d'œuvres imposantes par leur taille, par exemple un microbarrage ou une retenue d'eau. La mise en garde, ici, c'est que la dette écologique due à l'utilisation d'une ressource est à contrebalancer avec les bénéfices écologiques de l'œuvre. L'autre mise en garde, c'est que le lieu, le village, la ville, etc., doivent passer aussi le plus vite possible à une durabilité forte.

L'« écolométrie »

La permaculture présente une tout autre façon de mesurer l'impact de nos activités, *l'écolométrie* – à ne pas confondre avec *la biométrie*, qui est l'étude quantitative des êtres vivants et ne prend pas en considération la qualité des conditions de vie de ces êtres. L'écolométrie est tout autre chose, elle tient

22. Angel Gurría, secrétaire général de l'Organisation de coopération et de développement économiques.

compte de la diversité des espèces habitant un lieu, de leur qualité de vie et de la qualité de l'environnement. L'application de cet indicateur est relativement simple, mais exige de bonnes connaissances en botanique, en zoologie et en écologie. Les humains sont inclus dans la mesure, donc les bilans destinés à établir la qualité de vie et de l'environnement (l'environnement bâti est inclus dans ce bilan) sont essentiels. Il est aussi important de faire des « bilans de ressenti », de voir comment les habitants perçoivent leur qualité de vie et leur environnement.

Tout au début d'un projet, nous faisons un bilan quantitatif et qualitatif de la flore, de la faune et des ressources naturelles du lieu (sols, cours d'eau, étangs, forêts, etc.). Par la suite, nous faisons la même chose pour les humains, avec le bilan de ressenti. Ces évaluations seront refaites régulièrement, par exemple tous les trois ans. Si elles sont bien menées, l'impact positif de nos interventions sera démontré :

- diversité plus grande,
- qualité de vie meilleure,
- environnement plus sain (cours d'eau/étangs moins pollués, etc.),
- santé plus solide des habitants,
- déchets moins nombreux,
- économie de proximité plus efficace avec de plus en plus d'acteurs,
- qualité des bâtiments améliorée,
- sentiment (ou ressenti) général plus important d'une meilleure qualité de vie et de bien-être chez les habitants.

L'utilisation des ressources, globalement, sera moindre que leur production, ce qui veut dire que nous n'épuiserons pas les ressources naturelles.

En permaculture, la conception du lieu aura une partie proactive : il s'agit de concevoir avec l'intention d'améliorer la qualité de vie, l'environnement, etc. Il y aura également une partie réactive : si jamais les bilans témoignent de l'évolution malheureuse de tel ou tel paramètre (moins de diversité, habitants insatisfaits), les permaculteur·trice·s vont tenter de comprendre pourquoi une partie de la mise en œuvre du projet a engendré des conséquences négatives. La conception sera repensée ou adaptée pour prendre en compte les changements nécessaires à la transformation du négatif en positif.

Parfois, on me demande pourquoi il faut faire de tels bilans. Ma réponse est qu'il y a souvent des éléments qui peuvent sinon passer inaperçus. Ces éléments peuvent engendrer des effets négatifs en cascades et nuire à la santé générale du projet, du lieu, du quartier, du village… C'est « l'effet papillon » si vous voulez.

Une autre partie de l'écolométrie est individuelle, je peux l'utiliser quand je suis en train d'élaborer un plan de développement. Il se peut que je décide de devenir brasseur dans ma commune. Une partie de mon plan de développement consistera en prévisions du chiffre d'affaires, mais une autre partie importante sera consacrée à l'impact écolométrique de mon activité : par exemple,

« comment produire l'orge et en même temps améliorer l'environnement (sol, vie du sol, impact positif pour la flore et la faune…) ? » ou « comment est-ce que les besoins et les produits de mon activité peuvent être alimentés par d'autres activités dans ma commune, et quelles activités peuvent profiter de mes produits secondaires (grains d'orge et houblon usagés, surplus de levure) ? » Développons cet exemple dans lequel je souhaite devenir brasseur, et intéressons-nous au cas de l'orge usagée. Plusieurs « affectations » sont possibles :

- l'alimentation animale,
- la biomasse pour la production d'énergie (générateur de vapeur → électricité et eau chaude),
- la biomasse pour la production d'éthanol,
- la biomasse pour la méthanisation (méthane → production d'électricité plus « digestat », fertilisant proche du compost),
- le mulch (paillis) ou l'engrais pour les zones de cultures.

Quelques recherches ont montré que l'épandage de digestat dans les champs d'orge pouvait augmenter la productivité. L'approche consiste à cultiver de l'orge dans un engrais « vert », à le couper et à le faire fermenter dans un biodigesteur (ou méthaniseur) avec de l'orge usagée et, par la suite, à utiliser le digestat ainsi obtenu pour la culture d'orge. La production de bière reposant sur la culture d'orge, une démarche proactive est nécessaire pour maintenir la fertilité des sols.

L'affectation de l'orge usagée à la biomasse pour la méthanisation peut se schématiser comme suit : biomasse + engrais vert → méthanisation/digestat → culture qui semble la mieux adaptée à la création d'un système de culture d'orge durable et écologique dans le contexte qui nous intéresse. Il se peut qu'en ville, le besoin de support de culture (ou substrat), facile à faire avec l'orge usagée, soit plus demandé que le digestat ou le méthane.

N.B. : Comme avec la plupart des systèmes de production permacole, la présence d'arbres dans les champs (agroforesterie) sera nécessaire[23].

Comme avec toute forme de mesure, il sera possible – pour des personnes plus malines que moi – de trouver des moyens de fausser les chiffres, mais la vie ne ment pas… et les évaluations correctement faites sont un bon indicateur de la santé et de la pérennité d'un système. En fin de compte, nous sommes en train d'essayer d'évaluer la complexité du système. Cette analyse écolométrique faite régulièrement nous donne le recul nécessaire à la juste évaluation de l'évolution du lieu, du village, du quartier, etc. Si jamais nous constatons que notre système ne se complexifie plus, soit il a atteint sa maturité soit il y a un problème. Dans le premier cas, nous passons au stade du bon entretien du système ; dans le deuxième, il faut identifier les paramètres qui bloquent son évolution. Le bilan

---

23. Pour en savoir plus, voir l'étude (en anglais) de Sissel Hansen, *et al.*, « *Effect Of Green Manure Management on Barley Yields And N-Recovery* », 2013, dans Anne-Kristin Løes, *et al.*, « *Organic Farming Systems As a Driver For Change* », *NJF Report*, n° 3, 2013.

va demander que la conception soit revue pour que l'évolution systémique se poursuive. La vie et les écosystèmes sont très complexes, il est impossible de tout prévoir ou de tout connaître. Parfois, nous pouvons négliger un paramètre important, ou une activité peut créer des externalités négatives qu'on ignorait. L'analyse écolométrique va nous aider à identifier ces évolutions négatives et à les transformer en points positifs.
Les principes éthiques nous aident beaucoup à créer des systèmes résilients. Concernant les activités économiques d'un lieu, nous devrons nous poser cette question : est-ce que la production, l'utilisation et l'élimination ou le recyclage d'un bien, d'une activité ou d'un service seront positifs pour l'environnement, les gens et les générations futures ? Parfois, la réponse est claire : l'impact sera négatif. Dans ce cas, il y a des questions à se poser concernant le bien, l'activité ou le service envisagés. Sera-t-il possible de les rendre « permacoles » ? J'ai travaillé, il y a quelques années, avec les habitants d'un village en Albanie. Plusieurs ONG avaient conseillé aux habitants du village, qui se trouve en altitude dans un paysage de montagne magnifique, de s'ouvrir au tourisme. Le village est au bout d'une route caillouteuse, à quatre heures de la ville la plus proche. Quatre personnes y ont ouvert des bars et proposé des bières et des sodas, du genre Heineken et Coca-Cola. Le village s'est retrouvé avec des tas de bouteilles et de canettes vides, nuisance difficile et coûteuse à gérer, car il fallait amener ces déchets aux points de recyclage en ville. La solution a été que les boissons proposées aux touristes (bières et sodas) soient produites par les gens du village et que leurs contenants soient réutilisés. Quand la production est remaniée, il y a aussi d'autres effets : dans le cas présent, création d'emplois, production d'orge, brassage et mise en bouteille, production de fruits pour les bases des sodas, etc. Nous pouvons parler ici de création d'emplois, mais comme les fondements de la permaculture sont à chercher dans l'écologie, nous utiliserons plutôt le concept de « niches » présenté ensuite.

Chapitre I
L'économie permacole

Un organisme ou un écosystème a besoin d'entrants et génère des produits. À l'intérieur de l'organisme ou de l'écosystème, il y a des flux. C'est la même chose pour un village, un terroir, une ville ou une nation. Du point de vue économique, ces flux sont des échanges soit directs (le troc ou les dons) soit indirects (on utilise un moyen d'échange, par exemple les euros). Les analyses économiques permacoles consistent à faire des analyses de ces flux, de leur nombre et de leur qualité. Cette analyse va montrer où il y a des niches économiques inoccupées ou des ressources non utilisées ou gaspillées. Dans certains villages, parfois quasiment vides, nous allons constater que « l'organisme » manque de plusieurs éléments et, du coup, ne fonctionne pas bien. Dans les milieux urbains, tel ne sera pas forcément le cas, mais il se peut que certaines activités économiques nuisent à la santé de la Terre et des humains.
Afin de mieux appréhender ce qu'est une économie permacole, il y a encore quelques sujets à aborder : les échanges, les monnaies complémentaires et les systèmes d'échanges locaux, le localisme et l'économie de proximité, la remise en question de nos perceptions des richesses et de la pauvreté.

Les échanges

Nous n'avons pas connaissance des moyens d'échange qu'utilisaient les groupes de chasseurs-cueilleurs, mais nous savons que leurs relations se basaient surtout sur le partage, le troc, les échanges réciproques. En temps de crise économique, le troc est le premier recours d'une population. Ces échanges dépendent de la satisfaction réciproque des besoins ou des envies de deux acteurs. Le troc est vu comme une invention récente dont aurait découlé la préexistence d'unités de mesure universelles, donc la monnaie.
Les économies anciennes (Égypte, Mésopotamie) utilisaient un système monétaire basé sur la dette, elle-même formulée en masse d'argent métal et payée en orge.
Les économies actuelles donnent aux gens un moyen d'échange qui peut être utilisé partout dans la zone où cette monnaie est le moyen d'échange standard ou secondaire. Par exemple, l'euro est la monnaie acceptée dans toute la zone euro, et aussi dans plusieurs autres pays.
Le partage, le don, le troc, la monnaie, la dette, sont les moyens d'échange que nous utilisons. Je vois une différence entre une économie de partage et une

économie de don. Chez les chasseurs-cueilleurs, le partage était à la base de la société et de lui dépendait la capacité de survie du groupe. Si quelqu'un ne partageait pas, il·elle était « puni·e » par son groupe, par exemple par exclusion sociale pendant un certain temps. Nous pouvons imaginer qu'une économie de don permettait les échanges de biens entre les différents groupes. Un groupe, un village, une commune, ont besoin qu'il y ait des échanges. Une commune peut se baser sur l'économie de don, le troc ou la monnaie régalienne (*fiat money*), ou encore sur une monnaie complémentaire. Encore une fois, nous sommes dans cette partie de la permaculture où nous pouvons dire : « Tout dépend du contexte. » Il n'y a pas d'absolutisme en permaculture, une polémique du genre « il faut à la France une économie du don à la place du capitalisme » ne devrait pas sortir de la bouche d'un permaculteur·trice. Il se peut que chez vous, vous décidiez d'installer un système d'échange local, mais que dans la commune voisine les habitants décident que les euros leur conviennent bien. Ce n'est le rôle de personne d'imposer quoi que ce soit, c'est à vous de décider ce que vous préférez. Et après tout, la diversité est magnifique !
Mais… revenons à l'éthique de la permaculture, et donc aux questions « est-ce que le système économique que vous voulez mettre en place va prendre soin de la Terre et des humains, et créer un surplus ? » et « est-ce que votre système va faciliter l'échange de ces surplus ? »

Les monnaies complémentaires et les systèmes d'échanges locaux

N'importe quelle monnaie est, à la base, un moyen d'échange. En France comme ailleurs, il existe aussi des moyens d'échange autres que la monnaie nationale (l'euro). Nombreux sont les supermarchés, les stations-service, les restaurants, etc., qui proposent par exemple des cartes de fidélité ou un système de points à échanger contre un service ou un produit. Peut-être que chez vous, à chaque fois que vous achetez une pizza, vous cumulez des points qui pourront être échangés plus tard contre une pizza : les points ont ici une valeur d'échange.
Plusieurs communautés ont également décidé de créer leurs propres moyens d'échange, sous la forme de jetons, de billets ou de chèques. La plupart utilisent un système de comptes électroniques, et beaucoup basent la valeur des échanges sur la monnaie-temps : une heure de travail = une heure de travail. On est donc loin du concept des SEL lancé par Michael Linton, pour qui toute valeur est liée à la valeur de la monnaie régalienne : 1 SEL = 1 euro. Certains ont adopté encore des monnaies qui sont « fondantes » : sur mon compte, la partie qui dépasse un seuil défini par les utilisateurs du système est dépréciée avec le temps, avec pour objectif d'encourager les échanges et d'éviter que les utilisateurs « stockent » les moyens d'échange sur leur compte.

De nombreux systèmes ont adopté aussi les critères suivants :

- Consentement : il n'y a pas d'obligation d'échanger.
- Transparence : les comptes de tout le monde sont ouverts.
- Souplesse : il n'y a pas d'intérêts sur les comptes en négatif.

Quant à la monnaie complémentaire, sa création n'est pas une mince affaire. Tout d'abord, et comme pour les monnaies régaliennes, il faut que les gens aient confiance dans la valeur du moyen d'échange. Par la suite, pour qu'un tel système marche bien, il faut que le nombre et la diversité des produits et services proposés dépassent un certain seuil. Et pour y arriver, il est très intéressant d'entraîner autant que possible les entreprises locales dans le système. Un dernier critère, issu de ma propre expérience, est la partie sociale : les échanges suivront les rencontres. Une bonne stratégie consiste donc à organiser des événements amusants, récréatifs et divertissants…

Tout cela dit, la question permacole de base est la suivante : est-ce qu'une commune a besoin d'une monnaie complémentaire, ou pas ? En d'autres termes, il s'agit de définir la meilleure stratégie pour stimuler la croissance d'une économie de proximité.

Le localisme permacole et l'économie de proximité

Le localisme est fondamental en permaculture : nous privilégions le local et l'économie de proximité. En permaculture, le localisme est considéré comme la forme d'organisation la plus efficace : grâce à lui, on peut créer facilement des communes qui prendront soin de la Terre et des humains.

Deux études renforcent ce positionnement ; arrêtons-nous sur quelques exemples chiffrés proposés par la première d'entre elles[24] :

Les entreprises locales redonneront à l'économie de proximité un plus grand pourcentage de leurs revenus. Pour un million de dollars de ventes, par exemple, les magasins indépendants généreront 450 000 dollars d'activité économique locale. En comparaison, pour les grandes surfaces, ce sera 170 000 dollars.

Pour les restaurants, ces chiffres sont de 650 000 dollars pour les indépendants et de 300 000 dollars pour les chaînes de restauration. Dans les deux secteurs, ils se traduiront par des créations de postes 2,6 fois plus élevées quand les dépenses des ménages vont aux indépendants locaux plutôt qu'aux chaînes nationales.

24. « *Independent BC: Small Business and the British Columbia Economy* », The Canadian CED Network, février 2013.

Toujours selon la même étude, si seulement 10 % de plus des dépenses allaient aux indépendants locaux, la Colombie-Britannique bénéficierait de la création de 31 000 postes supplémentaires, à hauteur d'environ 940 millions de dollars de salaires annuels.

Une seconde étude s'est intéressée à la ville de Portland aux États-Unis[25] :
Ses auteurs ont montré que pour 100 dollars dépensés dans l'économie de proximité, les entreprises locales bénéficient de 58 dollars de retombées ; le chiffre n'est que de 33 dollars pour 10 dollars dépensés dans les chaînes nationales. Et l'étude de conclure : si les habitants de Portland augmentaient leurs achats chez les indépendants de 10 %, 127 millions de dollars supplémentaires d'activité économique seraient générés, et 874 postes créés.
Devrais-je parler davantage de ce que ces chiffres nous indiquent ? Les conclusions de ces études sont bluffantes… et à l'opposé des polémiques de nombreux économistes et politiques ! En un mot, les grandes surfaces, les supermarchés, etc., appauvrissent nos communes et sont la cause d'une vraie pénurie d'emplois. Telles des sangsues, ils sucent la richesse de votre commune et partagent au minimum avec leurs salariés, mais enrichissent les propriétaires et les actionnaires. Nous gagnerions donc sur toute la ligne en arrêtant de faire nos courses dans ce type de magasins et en faisant marcher plutôt l'économie de proximité. L'effet premier de ce changement de comportements serait de créer plus de niches économiques locales, donc plus de production et plus de diversité des biens et des services. D'ailleurs, il y a des niches disponibles pour les économistes qui souhaiteraient se pencher sur la question des économies de proximité ! J'ai passé un temps fou à trouver des études à ce sujet, et il n'y a que très, très peu de recherches en général faites sur le sujet… je me demande bien pourquoi.

Un autre paramètre mis en avant par le localisme et l'économie de proximité est la qualité des produits et les vices cachés. La problématique est connue depuis très longtemps, j'en veux pour preuve l'expression héritée des Romains *Caveat emptor, quia ignorare non debuit quod jus alienum emit* : « Que l'acheteur soit vigilant, il ne doit pas ignorer la nature de ce qu'il achète d'une autre partie. » En économie, on parle d'asymétrie de l'information : en général, le·la producteur·trice en connaît plus sur la qualité des biens qu'il ou elle vend que celui ou celle qui les achète. Dans certains pays, il existe des lois pour protéger les consommateurs de diverses « arnaques » bien connues des fabricants. L'obsolescence programmée est l'une des ruses volontiers adoptées par certains d'entre eux. Au début de 2020, la Direction générale de la concurrence, de la consommation et de la répression des fraudes (DGCCRF) a infligé à Apple une amende de 25 millions d'euros parce qu'une mise à jour avait provoqué

25. Amal Patel, *et al.*, « *Going Local: Quantifying the Economic Impacts of Buying From Locally Owned Businesses in Portland, Maine* », Maine Center for Economic Policy, décembre 2011.

le ralentissement de certains modèles d'iPhone anciens. Si une telle amende a pour but de dissuader les entreprises d'adopter ce type de pratiques, elle n'en demeure pas moins contestable, car elle ne s'adresse aucunement aux consommateurs victimes. L'exemple des garanties est également parlant : une garantie d'un an couvre les pannes survenues dans la période, mais il suffit au producteur de programmer l'obsolescence de son appareil à l'issue de la période.

La distance entre le producteur et le consommateur est un facteur majeur qui provoque et pérennise ce genre de pratiques peu éthiques et pousse à la surconsommation. Il est plus simple en effet d'arnaquer des inconnus plutôt que ses voisins ou des personnes que l'on risque de croiser dans un bar. Afin de préserver l'environnement, de ménager les ressources naturelles et de protéger les consommateurs, il faut changer de modèle et privilégier la qualité à la quantité. Nous voulons une production et une consommation éthiques, une production autant que possible locale et la production de biens qui peuvent durer toute une vie.

Qui est riche et qui est pauvre ? Petit (re)changement de paradigme

Comme nous l'avons vu lorsque nous avons évoqué les bouleversements de la révolution agricole du Néolithique, le comportement « prosocial » (antonyme d'antisocial) des humains, le souci de l'autre, l'entraide, le partage – jusqu'alors valorisés –, ont progressivement disparu avec la sédentarisation. Vers la fin du Paléolithique et le début du Néolithique, l'invention de la propriété privée, la notion d'héritage et la sédentarisation ont provoqué un changement de paradigme et, par la suite, l'acceptation de comportements « antisociaux » auparavant inexistants : la compétitivité, l'exclusion, la monopolisation et l'accumulation.

S'ils nous paraissent vieux au vu de la perception que nous avons des durées nous séparant de ces deux périodes, ces comportements sociaux sont de fait relativement récents, et ils ne correspondent qu'à une toute petite partie de l'histoire de l'espèce humaine (voir schéma p. 24). La façon qu'a notre espèce de s'organiser n'était par ailleurs sans doute pas homogène, ni dans le temps ni géographiquement, mais nous pouvons dire que les comportements individualistes inégalitaires dont nous avons hérité ne sont pas innés dans l'espèce : nous les avons acquis suite à la période de transition néolithique.

Nous pouvons ainsi imaginer que, pour quelqu'un qui aurait vécu au Paléolithique, les critères que nous utilisons aujourd'hui pour accorder à nos semblables un statut socio-économique particulier sembleraient très étranges : ce serait pour lui ou pour elle le monde à l'envers. Il est peut-être temps de revoir ces critères.

On considère aujourd'hui que je suis « riche » – ou plutôt que j'ai un bon statut social – parce que j'ai des connaissances, un haut niveau d'expertise, des savoir-faire, certes, mais surtout parce que je les partage. Les personnes qui persistent à s'approprier des biens, qui ne les partagent pas et ne sont pas actives dans les réseaux d'entraide de leur commune… ce sont elles, les misérables !
J'ai beaucoup voyagé pendant ma carrière de permaculteur, et, la plupart du temps, j'étais sidéré par la gentillesse des personnes que je rencontrais. Nous, les humains, nous sommes régulièrement confrontés à des bouleversements climatiques, des chocs comme les tsunamis ou les éruptions volcaniques. Notre résilience face à ces épreuves et à d'autres est due, en majeure partie, à notre compassion, à notre instinct d'entraide, à notre affinité naturelle pour tout ce qui est prosocial.
L'éthique de la permaculture peut être interprétée ainsi : prendre soin de la Terre et des humains est prosocial, ne pas le faire est antisocial. Un exemple évident de comportement non permacole pourrait être la conduite d'un SUV en ville : les externalités de cette activité sont négatives et totalement antisociales.

Chapitre II
L'économie circulaire

L'économie circulaire est principalement une économie industrielle, mais une économie industrielle remodelée et moins destructrice pour l'environnement. Tout comme dans la permaculture, il y a au centre de cette théorie le concept des flux et l'élimination des déchets. Dans une économie circulaire, les produits en fin de vie deviendront des ressources pour la fabrication d'autres produits… Tout cela peut sembler une bonne idée, mais la théorie – alors qu'elle est assez jeune – oppose déjà plusieurs écoles de pensée. La notion de durabilité, par exemple, qui concerne la gestion soutenable des ressources naturelles, est certes incluse dans l'économie circulaire, mais elle oppose deux écoles : les partisans de la durabilité forte, pour qui les ressources non renouvelables ne devraient pas être utilisées, et ceux de la durabilité faible, dont l'objectif est de retarder l'épuisement de ces ressources de quelque chose comme cent à deux cents ans.

Des solutions aux crises

Nous entendons parfois dire que nous allons trouver des solutions techniques aux crises actuelles, qu'il n'est pas nécessaire de changer les systèmes d'aujourd'hui et que nous pouvons les bricoler pour qu'ils fonctionnent mieux. Pour ceux qui suivent ce raisonnement, les limites à la croissance d'une économie sont techniques et non physiques, ce qui pose deux problèmes.

Le premier concerne l'énergie nécessaire à la technologie, élément essentiel de cette croissance économique. D'où vient-elle ? On me dit que la production d'énergie n'est qu'un problème technique et que nous allons trouver des ressources ou des technologies capables de produire de l'énergie, que la technologie par ailleurs se perfectionne et devient de moins en moins gourmande en énergie… mais ce point de vue se heurte au paradoxe de Jevons (l'effet rebond). Si les avancées technologiques augmentent l'efficacité d'un bien et font, par conséquent, augmenter la demande pour ce bien, la demande énergétique augmentera elle aussi, bien que les machines soient devenues plus efficaces.

Le deuxième problème est celui de la chaleur : où va-t-elle ? C'est un constat qui vient des principes de la thermodynamique. Les ressources énergétiques que nous exploitons – l'eau, le nucléaire, le solaire, le vent, le gaz, le pétrole, etc. – sont utilisées dans de nombreuses technologies. Cette énergie devient de la chaleur, deuxième principe de la thermodynamique. Cette chaleur est dégagée de la surface sous forme infrarouge. Les systèmes économiques dépendent de la croissance, mais ils sont aussi limités physiquement par la capacité de la Terre à dégager la chaleur produite. En plus des principales formes d'énergie que nous utilisons actuellement, nos systèmes agricoles extensifs augmentent l'effet de serre et donc indirectement empêchent la Terre d'envoyer suffisamment de chaleur vers l'espace pour maintenir un climat global adapté à nos besoins et à ceux des nombreuses autres formes de vie qui l'habitent.

Certaines formes de technologie ont beaucoup évolué et sont plus efficaces et moins lourdes qu'il y a quelques décennies. Cependant, nous ne pouvons pas compter sur des avancés technologiques pour réduire l'impact de nos machines sur le climat… Les moteurs électriques, par exemple, s'approchent aujourd'hui de leurs limites théoriques : ils sont à 90 % environ de leur efficacité maximale. Pourtant, les trains munis de ces moteurs consomment autant que les trains de 1950, car au lieu de profiter des économies d'énergie qu'ils nous offrent, nous avons décidé d'aller plus vite. Si la vitesse d'un train double, ce dernier aura besoin de huit fois plus de puissance, en majeure partie à cause de la résistance de l'air.

La permaculture économique a quelques points communs avec le concept de l'économie circulaire, mais de nombreux points de divergence également : un critère de base de l'économie circulaire reste notamment le PIB, et il est facile pour les industries polluantes d'utiliser des stratégies d'écoblanchiment pour masquer l'impact néfaste de leurs activités sur l'environnement. La raison d'être des entreprises reste la recherche de bénéfices à travers la consommation de masse. Il est difficile d'imaginer qu'ils pourraient changer pour produire moins, mais des biens de meilleure qualité, et faire en sorte que leurs externalités soient au moins neutres et non pas négatives, comme c'est actuellement le cas.

Pour conclure, un système socio-économique permacole est forcément circulaire, mais il repose aussi sur le concept des écosystèmes de production et sur les réseaux d'interdépendance que nous aborderons dans « Écosystèmes de production et réseaux d'interdépendance ».

Niches écologiques et économiques

Le concept de « niche » évoque soit la place occupée par un organisme dans un écosystème soit l'ensemble des conditions favorables nécessaires à une population pour qu'elle puisse vivre et se reproduire. Nous utiliserons cette seconde approche pour faire le bilan d'une économie de proximité.

Tout comme dans un écosystème naturel, une économie sera caractérisée par le nombre de niches économiques et la qualité de ces niches, et aussi par le nombre de liens d'interdépendance entre ces niches/activités.

Quand nous faisons l'analyse permacole d'un système, une partie du travail consiste à identifier des niches potentiellement libres et/ou à inventer. La population d'une commune a besoin de produits et de services. Le manque d'un produit ou d'un service oblige les habitants de la commune à aller le chercher à l'extérieur, ce qui, comme montré précédemment, appauvrira la commune. Pour ceux qui pensent qu'arrêter les industries polluantes priverait

des millions de personnes d'un travail et de revenus, la réponse est ici : la croissance des économies de proximité crée des emplois, et nous, les humains, sommes créatifs et pouvons inventer notre propre niche socio-économique dans la commune.
Un exemple ? Le voilà.

En 2013, Olivier Barreau a créé une brûlerie de café, à Morlaix en Bretagne. Deux ans plus tard, son frère ouvrait une chocolaterie. Le transport maritime, dans sa forme actuelle, étant hautement polluant, ils ont alors décidé en 2018 de faire construire un voilier pour effectuer un trajet circulaire : exporter vers les États-Unis leurs produits bretons et français, et importer le café, le cacao et les épices depuis les Caraïbes, l'Amérique centrale et les Açores. Tout cela grâce aux vents et sans utilisation de pétrole[26]. J'ose alors imaginer que, d'ici quelques années, seront proposés aux écolier·ère·s et étudiant·e·s des métiers permettant la production et les échanges de produits axés sur un transport décarbonisé.
Il ne faut pas croire que l'ingénierie de la permaculture est forcément contre le partage des biens entre les pays, mais la manière dont les transferts se font aujourd'hui n'est pas permacole. De même, beaucoup de biens que nous achetons aujourd'hui sont produits en exploitant des enfants et en participant à la destruction de l'environnement. Le projet Grain de Sail met à l'honneur le transport par voilier de biens produits équitablement, c'est donc tout autre chose.
Il y a sans doute des industries que nous voulons préserver, peut-être allons-nous décider, par exemple, que les smartphones sont une ressource indispensable dont nous ne saurions nous passer. Dans ce cas, il faudra veiller à rendre ces industries permacoles. Fairphone est aujourd'hui dans cette démarche.
La place est libre également pour celles et ceux qui souhaiteraient devenir réparateur·trice·s.
Un copain réparateur m'a dit que 70 % des aspirateurs qui arrivent chez lui sont en panne parce que personne n'en a jamais changé ou nettoyé le filtre. Nous sommes à flot sur une quantité de biens et de ressources jamais connue auparavant. Les recycleries, les réparateur·trice·s, les forgeron·ne·s, les transformateur·trice·s…, voilà – parmi beaucoup d'autres niches – des vocations d'aujourd'hui et de demain. Mon objectif n'est pas de toutes les lister : l'intelligence collective et la créativité propre à chacun n'ont ici nul besoin de moi !

26. www.graindesail.com

Écosystèmes de production et réseaux d'interdépendance

Un arbre ne vit pas seul, il est en coévolution constante avec son environnement. L'arbre a besoin du vent pour les échanges gazeux et parfois pour la pollinisation ; en même temps, l'arbre a lui aussi un impact sur le vent. De la même manière, l'arbre a besoin d'eau et il a un impact sur l'hydrologie. L'arbre est dans un réseau de liens d'interdépendance. Sans ces liens – avec les champignons, les insectes, les oiseaux… –, sa vie serait plus difficile, voire impossible, et *vice versa* : en un mot, l'un dépend de l'autre. C'est la diversité des espèces et les interdépendances qui créent l'ensemble que nous appelons « écosystème ». En écologie, nous avons donné des noms à certaines formes d'interdépendance (similaire à « symbiose » signifiant en grec ancien « vie en communauté ») entre les espèces dans un écosystème lambda que nous avons pu remarquer :

Mutualisme (+ +, à caractère facultatif)
« Relation durable entre deux espèces ou deux populations, avantageuses pour toutes les deux. (*Larousse*) » Par exemple, certaines formes de champignons (mycorhizien) qui ont accès aux hydrates de carbone produits par les racines des plantes. Par symbiose, les plantes se nourrissent des micronutriments absorbés par les champignons.

Commensalisme (+ 0)
« Mode d'alimentation d'un animal qui se nourrit des débris de repas ou des parasites externes d'un animal d'une autre espèce, généralement plus grand, sans faire de tort à son hôte, qui le laisse faire. (*Larousse*) » Par exemple, l'araignée qui construit sa toile dans une plante sans l'empêcher de se développer.

Neutralisme (0 0)
« Modèle évolutionniste proposé par Kimura Motoo, selon lequel la plupart des mutations génétiques ne sont ni favorables ni défavorables, mais neutres, et ne sont donc pas directement soumises à la sélection naturelle. (*Larousse*) » Les exemples présents dans la nature sont rares, nous pouvons pour autant penser aux chiens qui vivent à côté des poules sans incidences notables ni pour les poules ni pour les chiens.

Parasitisme (- + à caractère obligatoire pour le parasite)
« État d'un organisme qui vit aux dépens d'un organisme d'une autre espèce, que l'on appelle l'hôte. (*Larousse*) » Vous avez sans doute déjà essayé de dormir avec un moustique femelle anthropophile dans votre chambre. Cette présence négative pour vous, hôte, qui êtes une ressource alimentaire pour le moustique qui a besoin du sang pour assurer le bon développement de ses œufs…

Amensalisme (- 0)

« Action inhibitrice exercée autour d'elle par une plante, au moyen de sécrétions toxiques de ses racines, et qui lui assure l'exclusivité du terrain en empêchant la germination ou la croissance des autres espèces. (*Larousse*) » Je pense ici aux passages des êtres humains qui engendrent l'écrasement du sol et des plantes. En gardant en tête cette action ni bénéfique ni avantageuse pour l'être humain, mais néfaste pour la nature, je commence toujours la conception des lieux en marquant les chemins de circulation.

Compétition (- -)

« Concurrence entre des organismes, des populations ou des espèces pour l'utilisation d'une ressource, la recherche de la nourriture ou l'appropriation d'un habitat. (*Larousse*) » Pour les deux organismes, la compétition ne peut être que néfaste car les ressources sont limitées.

Une conception en permaculture est un grand motif comprenant l'environnement, des organismes, des flux et des interdépendances. Nous essayons toujours d'organiser au mieux les interactions entre les êtres pour créer des interdépendances (+ +). Dans un système neutre, les liens sont inexistants de part et d'autre (00). Nous utilisons parfois les interactions amensales pour contrôler la prolifération des plantes adventices (les mauvaises herbes). Par exemple, un mulch (paillis) de ray-grass d'une ou deux tonnes épandu par hectare dans des rizières peut réduire la biomasse des plantes adventices d'environ 70 % et augmenter les rendements du riz d'environ 20 %[27].
L'humain est exactement comme l'arbre avec son réseau de liens d'interdépendance : sans ce réseau, la vie serait difficile. Le système économique de sa commune fait partie de son écosystème.
Chaque activité a des besoins indissociables de la réalisation de produits primaires ou de sous-produits. Une boulangerie, par exemple, a besoin d'eau, de blé, de sel, de levain… Son produit primaire est le pain ; ses sous-produits sont la chaleur, les eaux grises, le pain invendu, la poussière… Globalement, les questions que pose ici le système permacole sont les suivantes : « Comment la commune peut-elle subvenir autant que possible aux besoins de cette activité, et comment les sous-produits peuvent-ils être utilisés par une activité ou une autre ? » « Comment donc créer un écosystème de production ? »
Reprenons maintenant l'outil dont j'ai parlé précédemment, les formes d'interdépendance adaptées aux contextes économiques et à l'organisation d'un écosystème d'activités basées sur la production d'un sous-produit.

L'**interdépendance économique** concerne la relation entre les créateurs et les utilisateurs de produits primaires utilisés par une activité pour fonctionner.

27. Tran Dang Xuan, *et al.*, « *Biological Control Of Weeds And Plant Pathogens In Paddy Rice By Exploiting Plant Allelopathy: An Overview* », *Crop Protection*, n° 24, Elsevier, mars 2005.

Par exemple, le·la boulanger·ère aura besoin de blé (et donc du·de la producteur·trice·s de blé), de levure (boulangère ou industrielle), d'eau (état), de sel (producteur·trice·s artisanaux·les ou industriels) et d'une source de chaleur (électricité, gaz, feu de bois, etc. : état, industriels, producteur·trice·s de bois).
L'**interdépendance d'activités** concerne la relation entre les créateurs et les utilisateurs des produits secondaires utilisés par une activité. Dans l'exemple du·de la boulanger·ère seront concernées la chaleur produite pour la cuisson du pain, la poussière générée, la paille créée pour la production du blé, les eaux usées agricoles et industrielles, etc.
L'**objectif d'une conception permacole** sera de faire le bilan de tous les produits secondaires créés et de trouver un moyen de les valoriser. Ici, la paille produite par l'agriculteur·trice devra trouver une utilisation. On peut alors se questionner : quelle sorte d'activité sera intéressée par la paille produite ? La chaleur produite par la boulangerie peut-elle alimentée un autre système de production ? Nous continuons ce processus de réflexion et d'action jusqu'à ce qu'il n'y ait plus de déchets produits au sein d'un système, parce que tous les produits secondaires peuvent devenir des ressources pour d'autres activités.

Gestion des déchets

Réduire, réutiliser (mettre en valeur des recycleries ou des réparateur·trice·s), recycler… Pour les industries qui doivent payer des dividendes comme pour les gouvernements qui sont attachés au PIB, les approches qui consistent à réduire ou à réutiliser les déchets ne sont pas très intéressantes. Nous avons vu, par conséquent, promouvoir l'industrie du recyclage. Cette industrie, qui dépend de la société de consommation dans sa manière actuelle de gérer les déchets, n'est pas permacole : le recyclage puis la transformation de certains plastiques en vestes polaires ne résolvent pas le problème des déchets plastiques. En fin de compte, il ne fait que retarder l'éventuelle dispersion de ce plastique dans l'environnement : chaque fois que la veste est lavée, beaucoup de microfibres sont libérées dans l'eau de lavage.
À proprement parler, il n'y a de déchets dans aucun système permacole.
D'abord, il n'y aura pas de production d'éléments toxiques, polluants ou biodégradables sur le moyen ou le long terme. Rien ne sera produit ni utilisé qui pourrait, en fin de vie, endommager l'environnement, la flore, la faune et/ou la qualité de vie des humains.
Tous les autres produits doivent avoir, dans leur confection, leur distribution et la fin de leur première vie, un impact au mieux positif pour l'environnement et les humains, au pire neutre. Les biens seront réparables autant de fois que possible et par les gens de la commune. Si nous parlons du principe de « réduire », la démarche est relativement simple en ce qui concerne la consommation. Si j'achète « pas cher », en effet, je vais sans doute devoir acheter plusieurs fois le même produit : acheter plus cher, mais un produit de qualité va donc réduire

ma consommation. L'autre élément simple à mettre en place, c'est un système de partage des biens dans la commune : acheter à plusieurs des produits de meilleure qualité et les partager.
Prenons comme exemple les outils de jardin. Il fut une époque où les outils étaient fabriqués par le·la forgeron·ne de la commune et conçus pour que leur taille, leur poids, etc., soient adaptés à la personne qui allait les utiliser – un outil mal adapté à son utilisateur peut lui faire mal. Aujourd'hui, grâce à des innovations techniques dans la fabrication des outils, il est possible de les fabriquer avec le strict minimum d'épaisseur de métal. Ces outils sont à la même taille pour tous, confectionnés avec des manches en bois rendus fragiles par la vitesse de production (les fibres du bois ne sont souvent pas dans le bon sens pour que le manche résiste aux chocs) et le métal utilisé est souvent très fin. Ces modes de production nous obligent à réparer nos outils plus souvent, voire à en racheter.
Avec une économie de proximité et un écosystème de production, les outils de jardin peuvent être fabriqués ainsi :

- Le bois pour les manches provient de forêts gérées de manière durable.
- L'essence du bois est adaptée au type d'outil et à son utilisation.
- Le bois est coupé au bon moment de l'année et séché naturellement (et non pas dans une étuve).
- Le manche est formé pour que les fibres soient dans le bon sens et résistent mieux aux impacts et aux torsions.
- Les parties de l'arbre qui ne sont pas utilisées pour la fabrication des manches connaîtront une grande variété d'utilisations possibles : bois raméal fragmenté (BRF), charbon de bois, fagots, perches, tressage, etc. Si nous décidons de faire une pyrolyse du bois, un produit secondaire sera produit : une forme de goudron naturel que nous utiliserons pour étanchéifier les piquets de la moisissure, entre autres choses.
- La fabrication des manches va produire des morceaux d'écorce et des copeaux de bois. L'écorce et les copeaux peuvent être utilisés comme mulch (paillis) ou mélangés avec une matière forte en azote pour faire du compost.
- L'extraction du fer en dépose déjà beaucoup sur les surfaces, qui peut être réutilisé et transformé pour la fabrication d'outils. La forge aura besoin du charbon de bois produit dans la forêt avec les déchets du bois pour générer de la chaleur. L'étage au-dessus de la forge sera donc chauffé, et cette chaleur peut être une ressource pour une autre activité.
- La forge va produire des copeaux de métal utiles pour la fabrication des filtres destinés à enlever le sulfure d'hydrogène qui se trouve dans le mélange de gaz produit par la méthanisation dans des systèmes de biogaz.
- Les types de métaux, la géométrie de la lame, seront également adaptés au type d'usage de l'outil, qui sera fabriqué pour résister et tenir dans la durée.

Pour bien organiser les différentes productions de la commune, nous utiliserons l'approche décrite ci-dessus. Parfois, nous emploierons le terme de « guildes » pour structurer notre organisation, dans l'idée de faire se côtoyer des personnes sans qu'elles ne se nuisent, mais qu'elles se régulent, se protègent et se stimulent. Il s'agit d'abord de répondre aux questions suivantes :

- Quels sont les besoins de l'activité (bâtiments, chaleur, machines, produits agricoles, etc.) ?
- Quels sont les produits secondaires de cette activité ?

Par la suite seulement, nous organiserons notre écosystème autour de « guildes » : nous installerons autour d'une première activité des activités qui profiteront des produits secondaires de la première activité. Chacun des « satellites » ainsi disposés fabriquera lui aussi des produits secondaires et se verra affublé d'ateliers qui développeront des activités qui, à leur tour, bénéficieront des flux ainsi créés.

L'effet multiplicateur dans l'économie de proximité

Je vous propose de vous imaginer un village dans lequel nous trouvons une auberge, un·e maraîcher·ère et des artisans locaux. L'aubergiste a le choix d'acheter les produits dont il a besoin au sein de sa commune ou non. S'il achète au sein de son village, cet argent va circuler (économie de proximité), si la maraîchère investit ensuite son argent chez un·e artisan·e de la commune, alors cet argent va continuer à circuler dans la commune.
Prenons l'exemple de 100 euros dépensés à l'auberge d'un village par un touriste, et observons les retombées de cette dépense sur la communauté. 20 % du montant correspondront aux salaires de l'aubergiste et les 80 euros restants seront dépensés par l'auberge pour se fournir auprès le·la maraîcher·ère du village. 20 % de ces 80 euros correspondront au salaire du·de la maraîcher·ère, et les 64 euros restants seront dépensés par le·la maraîcher·ère auprès d'un·e artisan·e local·e du village, dont le salaire correspondra à 20 % de ces 64 euros dépensés chez elle. 51,20 € seront encore dépensés par l'artisan·e local·e chez une personne Y du village, et ainsi 40,96 € pourront être dépensés par la personne Y chez une tierce personne du village, etc.

À ce stade, le total des sommes ayant bénéficié au village s'élèvera à 336,16 € :
100 euros (pour l'aubergiste)
+ 80 euros (pour le·la maraîcher·ère)
+ 64 euros (pour l'artisan·e local·e
+ 51,20 € (pour personne Y)
+ 40,96 € (utilisable par le·la 5e bénéficiaire)
= un total de 336,16 € en circulation pour 100 euros investis.

1.

En ville, nous avions peu d'espace, j'ai donc construit des miniserres sur le rebord des fenêtres à partir de bois et de bâches plastique récupérés. Ces serres ont principalement été utilisées pour les semis.

2.

Dans un champ en friche clôturé, nous avons créé de nombreux bans de cultures. La ferme avait été abandonnée une trentaine d'années avant que nous arrivions. Je m'y suis installé en tant que manager, avec l'objectif de produire des paniers de fruits et légumes pour le groupe. En haut du champ, la forêt de châtaigniers plantée pour son bois et non pour ses fruits.

3.

Photo d'une de mes roulottes, à Kerzell'O, en Bretagne – dix jours pour la construire et un coût total de 600 euros. Celle-ci date de 2008, elle est équipée d'un poêle fabriqué par mes soins à partir d'une bouteille de gaz de 13 kilos. Elle se range et se nettoie en six minutes top chrono ! C'est vrai que c'est une solution plus adaptée au milieu rural, mais il y a des coins en ville où il serait possible de vivre en « habitat plume ». S'il n'y avait plus de voitures, on aurait davantage d'espace.

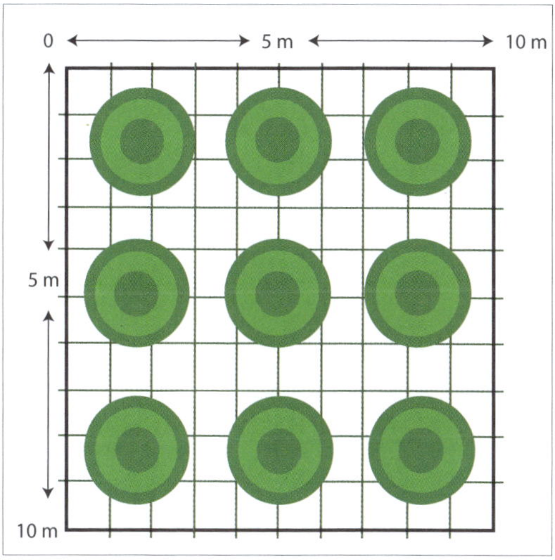

4.
Disposition des arbres dans un pré-verger.

5.
Faire pousser des fruits en ville, c'est possible...

6.
…et sur des péniches !

7.
Cette photo montre la technique des jardins surélevés. Ce jardin est bien fait… sauf sur un point ! Le matériau utilisé pour assurer l'étanchéité se dégrade en effet quand il est exposé au soleil.

8.
J'ai pris cette photo à Izmir, en Turquie. Les individus originaires de la campagne trouvent tout de suite des coins pour cultiver. Ces bandes produisent bien, mais selon les endroits, il sera peut-être nécessaire de protéger les cultures... des chiens et de leurs déjections.

9.
Cette photo montre une technique que nous utilisons pour gagner de la place. Il s'agit de cultiver des pommes de terre en construisant des tours : au lieu de les cultiver horizontalement, nous les faisons croître dans des tours confectionnées ici à partir de piquets et de grillage. Cette technique n'est pas forcément adaptée à la culture en pays chaud.

10.
Le jardin en trou de serrure est une stratégie pour gagner de la place.

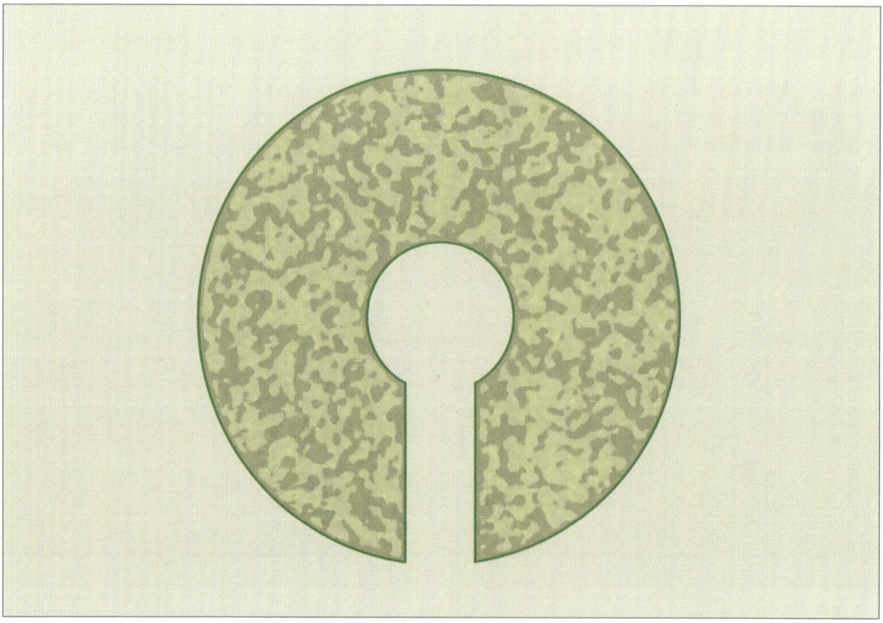

11.
Le trou de serrure peut être utilisé comme bac de compost, sa partie droite donne accès au milieu du jardin.

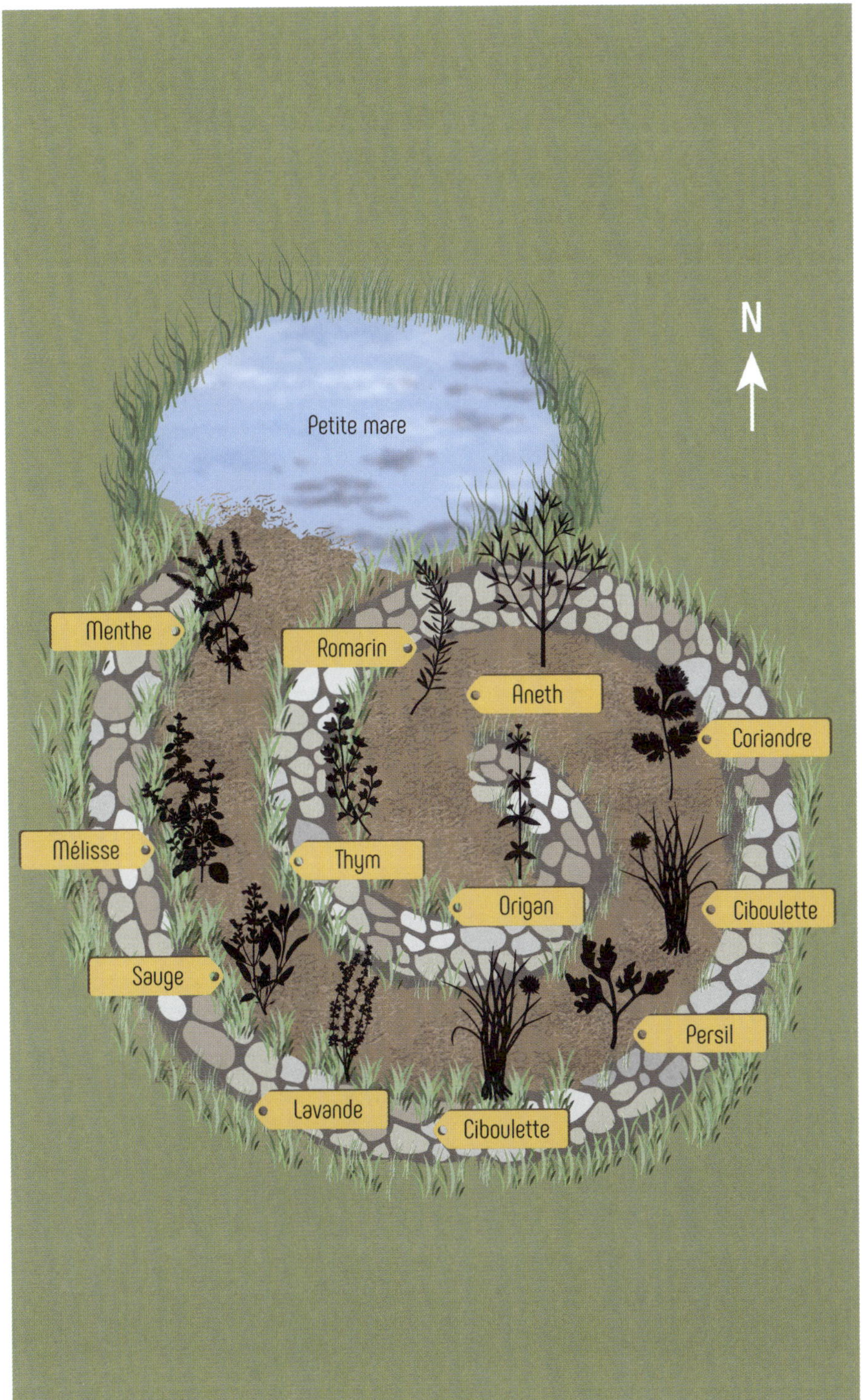

12.
Exemple de disposition de plantes aromatiques en spirale.

13.
Plantation de plantes aromatiques dans le jardin du collège de la ville de Makthar en Tunisie.

14.
Après discussion avec la mairie, la gestion des bordures et des espaces verts peut être prise en charge par les habitants d'un quartier. Cet entretien collectif permet des économies pour la mairie et plus d'espace de culture pour les habitants.

15.
Les arbres… pour l'ombre, pour la fertilité du sol, pour le plaisir !

16.
Espaces de créativité, de production, de jeux et d'apprentissage, pour les jeunes et les moins jeunes !

17.
Avec un peu d'imagination, de nombreux espaces et coins peuvent redevenir vivants grâce à un mélange de plantes.

18.

Conçus et créés par les habitants, ces espaces verts deviendront des lieux de rencontre et de partage. Quand un sentier devient plus large, les personnes qui se promènent ralentissent et peuvent prendre le temps de faire connaissance les unes avec les autres.

19.
Des chemins bien délimités sont essentiels dans un jardin, ils permettent avant tout que les curieux qui viendront vous visiter sachent où marcher, sans écraser vos plantations.

20.
Une charpentière faisant partie de notre projet au sud-est de Londres avait saisi l'opportunité de fabriquer et de vendre des bacs à plantes très similaires à ceux-ci.

21.
Minitours de pneus et supports pour aider la pousse des arbres.

22.
Mare construite sur le toit d'une école.

23.

J'ai pris cette photographie durant une des « transhumances » des moutons de leur zone de pâturage habituelle vers le centre de Seine-Saint-Denis. Les membres de l'association paysanne et agricole Clinamen proposent des animations et emmènent les moutons au sein de fêtes dans le quartier. Grâce à beaucoup de patience et soins de la part des membres de l'association, les moutons sont complètement habitués à la présence et aux bruits des voitures, des camions et des marteaux-piqueurs.

Nous avons parfois tendance à penser en termes de stockage et non en termes de flux. Nous créons des réserves pour stocker de l'eau de pluie, par exemple, mais nous oublions trop souvent de réfléchir à comment faire circuler les eaux auxquelles nous avons déjà accès. L'utilisation de l'argent nous incite trop souvent à penser de façon linéaire : gagner de l'argent > le dépenser > gagner plus d'argent, etc. Dans le cas où nous avons accès à la plupart des biens et des services dont nous avons besoin au sein de notre commune, alors nous pouvons faire circuler l'argent et ainsi stimuler l'économie de proximité.

Je suis permaculteur, en d'autres termes je travaille sur des conceptions, des planifications de mise en œuvre et d'entretien systémiques. Tout au long de ma carrière, j'ai eu des client·e·s agriculteur·trice·s, maraîcher·ère·s, éleveur·euse·s, des gens engagés dans des projets d'éco-villages, qui me disaient qu'ils ne gagnaient « pas assez » d'argent. Quand nous regardions de plus près leurs comptes, nous trouvions pourtant qu'ils gagnaient bien assez, mais qu'ils dépensaient trop. Mon approche dans de tels cas consiste à « boucher les fuites » d'abord, et ensuite à voir comment augmenter les revenus, si nécessaire. Il est tout à fait possible d'adopter la même approche dans le travail de conception d'un village.

Un exemple théorique d'organisation communale permacole

Les systèmes économiques actuels et leurs lots de promotions nous poussent à acheter des biens individuellement plutôt qu'à les partager. Il se peut donc que dans un village, par exemple, quasiment tout le monde ait sa propre tondeuse. Ces machines coûtent entre 100 et 1 000 euros la pièce, voire plus. Et comme personne n'en fabrique dans le village, elles sont toutes achetées chez des constructeurs géographiquement éloignés, se trouvant parfois même à l'étranger.

Pourtant, la durée de vie moyenne d'une tondeuse varie entre sept et dix ans. Pour un village de 1 000 habitants – et un nombre de foyers avoisinant les 500, selon l'INSEE –, nous tablons donc sur 400 tondeuses (il y a, dans chaque commune, des maisons sans jardin) et 220 000 euros, en moyenne, de dépenses tous les dix ans (400 × 550 euros, prix moyen d'une tondeuse).

Certes, certaines tondeuses vont durer plus longtemps, et plusieurs communes auront tendance à acheter des tondeuses plus petites et moins chères, mais ces chiffres nous permettent de nous faire une idée.

Nous voilà donc avec une « fuite », puisque l'argent ainsi dépensé quitte le village et n'est plus disponible pour l'économie locale. C'est l'exemple d'un flux linéaire avec des effets dégénératifs.

Que pouvons-nous faire pour améliorer une telle situation? Après tout, de nos jours, les gens aiment avoir un gazon bien coupé, c'est leur droit. Notre approche permacole consisterait à créer des flux circulaires, régénératifs et plus écologiques. Pour mieux expliquer le concept, arrêtons-nous plus longuement sur le cas pratique des tondeuses.

Un cas pratique : l'histoire d'une tondeuse

Mme X est très joviale, elle a un vaste réseau d'amis et de connaissances dans le village. Si elle fait l'acquisition d'une tondeuse, il est probable que beaucoup dans le village lui demanderont de la leur prêter. Mais comme Mme X a un réseau relationnel très important, elle connaît forcément quelqu'un qui possède déjà une tondeuse et la lui prêtera sans qu'elle ait besoin d'en acheter une.

Mme Y, à l'inverse, a un réseau d'amis peu développé dans le village. Elle connaît moins de propriétaires de tondeuse que Mme X et décide donc d'en acheter une. Mais comme son réseau est restreint, peu de villageois le sauront et la lui emprunteront.

Comment combiner au mieux les expériences de Mme X et de Mme Y dans l'intérêt de la communauté? Plusieurs solutions s'offrent à nous.

Solution A

Mme X peut décider de faire l'acquisition d'une tondeuse, la louer à d'autres personnes de son réseau et gagner quelques sous.

Solution B

La mairie – qui connaît tout le monde – peut décider de faire l'achat de plusieurs tondeuses qui seront disponibles pour les habitants de la commune.

Solution C (solution permacole)

La mairie décide d'encourager quelques personnes à devenir berger·ère·s ou à devenir chevrier·ère·s. Les habitants de la commune n'achètent plus de tondeuses, leurs gazons sont entretenus par les animaux. Les éleveurs s'engagent aussi à entretenir les zones en herbe et les zones forestières, communales et personnelles. Cet entretien est en effet très important, car avec les changements climatiques actuels, les incendies sont plus fréquents et plus sévères.

Comme les troupeaux rendent de grands services à la commune, en contrepartie la mairie s'engage à aider les berger·ère·s et les éleveurs de chèvres à vendre leurs produits. Un tel système existe déjà depuis quelques années au Portugal, il a été mis en place par l'Institut pour la conservation de la nature et des forêts[28].

Les trois solutions que nous venons d'évoquer réduiront les dépenses des habitants, et l'argent ainsi économisé pourra continuer à circuler dans la commune, à condition que les produits et les services souhaités par les habitants soient disponibles en son sein.

28. Voir leur site (en portugais) : www.icnf.pt.

Synthèse

- Les flux économiques font partie intégrante de la conception en permaculture.
- Les principes de l'économie permacole constituent les fondements éthiques de la permaculture.
- Les externalités négatives sont éliminées du système.
- Les déchets sont inexistants, car l'économie est circulaire et les produits en fin de vie deviennent les ressources d'une autre activité.
- Le développement des économies de proximité est privilégié.
- Les indicateurs comme le PIB ne nous sont pas utiles, nous leur préférons les analyses de la complexité des flux et des niches socio-économiques.
- L'économie de proximité, dans une commune, devrait être résiliente et autant que possible permettre que soient disponibles les produits et les services nécessaires aux habitants.
- Les activités de production de biens et de services sont organisées autour de guildes ou d'écosystèmes industriels afin de réduire leurs besoins en ressources et d'utiliser leurs produits secondaires.
- La multiplicité des produits et des services locaux disponibles pour les habitants contribuera à renforcer l'effet multiplicateur dans l'économie de proximité.
- Les économies de proximité sont interconnectées, elles reposent sur des liens d'interdépendance basés sur le concept économique des avantages comparatifs.
- Les mairies ont un rôle majeur à jouer afin d'encourager le développement des économies de proximité, elles doivent à la fois encourager les gens à s'installer dans la commune et à y lancer une entreprise et empêcher l'implantation de centres commerciaux représentant des chaînes multinationales.

Partie III
Organisation sociale et politique en permaculture

Voilà un sujet compliqué à aborder et plein de pièges. L'une des approches prisées en permaculture consiste à adopter un certain détachement pour mieux appréhender un sujet. Si je reste sur des a priori, des idées préconçues ou des partis pris, l'évaluation que je fais risque d'être biaisée et imprécise. Les sujets politiques provoquent des réactions parfois féroces. C'est la raison pour laquelle j'utilise le mot « gouvernance ».

Beaucoup des éléments relatifs à notre transition de chasseurs-cueilleurs à sédentaires demeurent inconnus, mais les chercheurs en paléoanthropologie sont assez unanimes pour dire que les groupes de chasseurs-cueilleurs étaient non-violents, coopératifs, consensuels et égalitaires. La guerre leur était étrangère, jusqu'à ce qu'ils croisent des groupes qui vivaient autrement, en l'occurrence des sédentaires. Pour des raisons mystérieuses, les sédentaires, pendant de longs siècles, ont adopté des modes de vie et d'organisation sociale quasiment à l'opposé de ceux des chasseurs-cueilleurs. Aujourd'hui, les adeptes de systèmes de gestion égalitaires et consensuels sont trop souvent vus comme des « utopistes » – en dépit du fait que nous avons vécu avec ce type d'organisation pendant presque toute l'histoire de notre espèce. Plus de 200 000 ans d'une vie de coopération et d'égalité *versus* environ 8 000 ans d'autorité, de pouvoirs centralisés et d'injustices, voilà qui devrait en faire réfléchir plus d'un…
Nous pouvons parler aussi du rôle des femmes dans nos sociétés post-transition néolithique. Chez les chasseurs-cueilleurs, il semble que la discrimination sexuelle n'ait pas existé : il est illogique en effet d'exclure plus de la moitié de la population des discussions et des prises de décision – il est même stupide d'agir ainsi. Un groupe qui instaure un tel système d'organisation sociale perdra plus de la moitié de son intelligence collective. Les expériences, les points de vue, l'intelligence, les idées de toutes ces personnes abandonnées, exclues, seront perdus. C'est une stratégie de survie médiocre, et un tel groupe ne pourra que s'appauvrir.

La question « Pourquoi avons-nous adopté des formes de gouvernance centralisées ? » se pose donc, même si au moment où j'écris ces lignes, nous ne sommes pas sûrs d'en connaître la réponse. La question se pose parce que nous avons vu ce qu'a donné le développement des États/royaumes/empires unitaires. Ces États ont leurs systèmes de gouvernance, et leur fonctionnement est imposé par leurs agent·e·s, par exemple les gendarmes (« gens d'armes »). En janvier 2020, le ministre de l'Intérieur, Christophe Castaner, disait : « L'usage juste et proportionné de la force est ce qui sépare la démocratie de l'arbitraire, ce qui distingue l'ordre de la brutalité. C'est le fondement, aussi, de notre confiance avec les Français[29]. » Il est intéressant de noter que, même au XXIe siècle, la force est toujours considérée comme un outil de gouvernance dans un état unitaire pourtant dit « civilisé et démocratique ».

29. Discours prononcé par Christophe Castaner à l'École nationale supérieure des officiers de police (ENSOP) de Cannes-Ecluse, le 13 janvier 2020.

La planète est en piteux état, nous sommes face à plusieurs crises écologiques et sociales majeures. Elles n'ont pas commencé hier, et elles trouvent leurs racines dans le passé. Elles ont poussé et continuent de croître dans le sol des systèmes sociopolitiques et économiques d'hier et d'aujourd'hui. Nous sommes donc obligés d'examiner ces systèmes pour trouver ce qu'ils ont de bon et ce qui ne fonctionne pas. Nous devons aussi identifier ce qui crée et entretient la pollution, ce qui provoque la dégradation de l'environnement, ce qui fait que les inégalités ne font qu'empirer, etc. Ces causes doivent être éliminées du système au plus vite.

De nombreuses personnes proposent d'adapter seulement les systèmes sociopolitiques et économiques d'aujourd'hui pour « sauver la planète ». Je ne suis pas de cet avis. Nous l'avons essayé dans le passé et l'essayons aujourd'hui encore, mais les résultats de cette approche sont loin d'être convaincants. Nous pouvons parler de la réussite du protocole de Montréal pour l'abolition des chlorofluorocarbures, et c'est vrai que la production de ces gaz fluorés a diminué… mais dans le même temps, les émissions de CFC-11 ont localement continué à augmenter[30].
Il est plus que probable que si nous conservons nos systèmes d'organisation, les crises actuelles empirent et appellent de nouvelles menaces.

Quels sont les fondements d'une gouvernance permacole ?

Revenons-en d'abord aux fondements éthiques de la gouvernance permacole. Existe-t-il un système de gouvernance qui prenne soin de la Terre et des humains (et des générations futures), est-ce qu'il crée une réelle abondance ? Le respect de la diversité est aussi très important. Nous savons que la diversité et les liens d'entraide sont la base de la stabilité des écosystèmes naturels. Ces deux éléments sont aussi cruciaux dans les systèmes de gouvernance, et le fait va au-delà de l'acceptation de nos différences. La diversité est indispensable à la stabilité sociale, si elle s'accompagne d'une entraide réciproque.

Puisque la diversité est si importante pour un·e permaculteur·trice, que doit-elle signifier pour sa commune ? J'ai beaucoup dit qu'il n'existe pas une technique, une voie, une solution adaptée à une situation : tout dépend du contexte. De ce fait, la permaculture n'est pas liée à des factions politiques, ni à une quelconque idéologie. Les groupes politiques ont trop souvent tendance à faire la promotion de leurs approches, qu'ils nous vendent comme des « solutions universelles ». Les systèmes permacoles et les approches agricoles

30. Matt Rigby, *et al.*, « *Increase In CFC-11 Emissions From Eastern China Based on Atmospheric Observations* », *Nature*, n° 7757, mai 2019.

monoculturelles sont antinomiques. Il en est de même des systèmes permacoles et des idéologies politiques. Les habitants d'une commune, quelle qu'elle soit, sont bien capables de décider de la manière dont ils souhaitent s'organiser, prendre leurs décisions, etc.
Ce n'est pas au génie de la permaculture de dire à des habitants comment fonctionner. J'ai déjà expliqué qu'il n'y a pas *une* technique de culture adaptée à tous les contextes climatiques, hydrologiques, etc. C'est la même chose pour les différentes approches qui concernent les prises de décision et n'importe lequel des aspects de l'administration d'une commune. Les habitants de la commune A décideront peut-être d'adopter un système de démocratie participative avec une prise de décision par consensus. La commune B préférera peut-être une stochocratie, à savoir le tirage au sort des « gérant·e·s » de la commune. Depuis les débuts de notre espèce, les groupes d'humains qui se sont succédé ont adopté et testé une grande variété d'organisations. L'important pour les gens d'une commune est qu'ils trouvent la forme de gouvernance la mieux adaptée pour eux, leur culture et leur commune.

Les habitants d'une commune donnée adopteront peut-être un système sociocratique, mais il se peut que cette forme de gouvernance ne convienne pas à la génération suivante, qui aura envie d'autre chose. Il est donc raisonnable d'envisager que la gouvernance puisse évoluer, changer.
Un autre point important est que, parfois, des personnes aimeraient s'installer dans des « positions de pouvoir » pour des raisons qui ne sont pas forcément très éthiques ! Les postes importants de votre commune seront mieux tenus par des personnes qui remplissent les compétences appropriées plutôt que par celles cherchant à obtenir un « meilleur statut social ». Pour qu'un système soit résilient, il faut également une certaine « redondance[31] » dans des éléments essentiels au bon fonctionnement de ce système. C'est vrai aussi pour la gouvernance et la gestion d'une commune : un rôle essentiel au bon fonctionnement de la commune ne peut pas incomber à une seule et unique personne, il est toujours utile d'avoir mis en place un système d'apprentissage qui se révélera utile pour avoir un remplaçant en cas de besoin.

Une dernière chose : n'importe quel système est dirigé par des *gens*. Le système de gouvernance peut donner un cadre, mais le groupe de gérant·e·s interprétera toujours ce cadre et l'utilisera selon ses envies, ses convictions, ses besoins et ses tendances psychologiques. Nous sommes toutes et tous plus ou moins conservateurs ou progressistes. Comme pour la plupart des choses, le système n'est

31. Quelque chose de très important du point de vue permacole est qu'il y aura toujours une certaine « redondance » dans l'approvisionnement des services essentiels : chaque composant essentiel au bon fonctionnement d'un système devrait avoir une triple redondance. Par exemple, vous pouvez installer trois systèmes pour garantir l'irrigation de vos serres de cultures. Si le premier tombe en panne, l'irrigation va basculer sur le deuxième, puis sur le troisième si jamais le deuxième rencontre lui aussi un problème.

pas strictement binaire : deux valeurs extrêmes s'opposent, mais une palette de positions les sépare l'une de l'autre. C'est une graduation, une échelle allant de « très progressiste » jusqu'à « très conservateur ». La plupart des gens se situent quelque part entre les deux, et la place de chacun sur cette échelle n'est pas fixe. De nombreux facteurs peuvent pousser quelqu'un à être plus conservateur ou plus progressiste à un moment ou l'autre de sa vie. Par exemple, nous pouvons sentir une mauvaise odeur et en être influencés. En effet, des études ont montré que se trouver dans une pièce dégoûtante, vivre une expérience et/ou regarder une vidéo dégoûtantes et être exposés à une mauvaise odeur nous amènent à exprimer des jugements moraux plus sévères qu'habituellement[32]. De même, la peur, imaginée ou réelle, et les menaces de mortalité nous amènent à adopter une attitude conservatrice[33].

Il est important qu'une personne souhaitant intégrer un système de gouvernance ait suffisamment de recul par rapport à elle-même pour être capable de faire les bons choix, en d'autres termes qu'elle se connaisse et connaisse ses tendances conservatrices/progressistes. Si je sais que j'ai tendance à être plutôt conservateur, je sais que j'aurai plus de difficultés à proposer ou à accepter des démarches progressistes, et *vice versa.* Je sais aussi que quand l'adoption d'une politique progressiste est cruciale pour le futur de ma commune, alors il est crucial que je sois conscient de mes tendances, et que je sois capable de compenser mon penchant conservateur et d'accepter plus facilement la proposition progressiste, et *vice versa.* Face aux crises d'aujourd'hui, nous avons besoin des deux approches, et nous avons surtout besoin d'être capables de ne plus réagir contre une proposition uniquement parce que celle-ci va à l'encontre de nos propres propensions politiques/psychologiques. Voyez ces informations comme une forme de « vaccination » qui vous permettront d'être au courant des facteurs qui peuvent influencer votre état d'esprit. En gardant cela en tête, tous ces biais auront normalement moins d'impact sur vous.

Une deuxième piqûre de rappel vous sera peut-être utile. Elle concerne les facteurs inconscients qui peuvent vous influencer lors d'élections, quand vous votez pour ou contre quelqu'un (ou une proposition). Détaillées dans deux études de 2011 et 2017, certaines données ont été mises au jour comme pouvant inconsciemment influencer vos choix[34] : En temps de guerre, les gens ont tendance à voter pour le·la candidat·e qui a les traits du visage plus « masculins ». Au contraire, en temps de paix, les gens voteront pour une

32. Simone Schnall, *et al.*, « *Disgust as Embodied Moral Judgment* », *Personality and Social Psychology Bulletin*, n° 34, mai 2008.

33. Paul R. Nail, *et al.*, « *Threat causes liberals to think like conservatives* », *Journal of Experimental Social Psychology*, n° 45, juillet 2009.

34. Michael Mutz, *et al.*, « *... And Now the Weather: Does Weather Influence the Assessment Of Political And Economic Issues?* », Zeitschrift fur Soziologie, n° 4, août 2011 ; Jasper Van Assche, *et al.*, « *When the Heat Is On: The Effect of Temperature on Voter Behavior in Presidential Elections* », *Frontiers in Psychology*, juin 2017.

personne aux traits « féminins ». De même, le·la candidat·e à la voix grave aura statistiquement plus de voix que celui·celle à la voix aiguë. Plus généralement, lors de journées chaudes, les votants seront plus conservateurs et accorderont leur voix à l'ancien·ne titulaire du poste en question.

Ces études nous montrent qu'un votant n'est pas rationnel, mais influencé par un ensemble de paramètres qu'il ignore. Les jugements inconscients sur l'apparence de quelqu'un se font en un dixième de seconde[35]. Par la suite, l'impact de ce jugement sur le choix du candidat n'est toutefois pas uniforme : ce sont les personnes qui regardent le plus la télévision qui sont les plus influencées par l'apparence du candidat[36].

L'individu conscient qu'il peut être soumis à ces influences peut compenser et prendre ses décisions de manière plus rationnelle. Peut-être certaines communes pourraient-elles installer une forme d'analyse psychologique afin d'aider les personnes qui prendront des décisions pour la commune à mieux se connaître, et donc à être capables d'agir moins souvent sous l'influence de leurs inclinations et préjugés.

Proposition d'organisation pour la gouvernance d'un pays

Intéressons-nous à quatre étendues d'organisation et de gestion – j'utilise le mot « étendue » plutôt que celui de « niveau », par exemple, car il n'y a aucune hiérarchisation entre ces domaines. Imaginons un modèle reposant sur des cercles concentriques d'organisation. Le premier cercle serait mon chez-moi, ma commune, le deuxième, le territoire, ou la « région », qui correspond à regrouper plusieurs communes ayant des pratiques culturelles et des territoires géographiques similaires (L'exemple classique est celui d'une « région » délimitée par les lignes de partages des eaux). Enfin, le troisième cercle sera celui désignant l'« étendue multiterritoriale » regroupant les zones partageant des éléments culturels et linguistiques similaires, à ne pas confondre avec le concept de « nation » ou d'« état »[37].

35. Université de Princeton, « *Who Will Win an Election? Snap Judgments of Face to Gauge Competence Usually Enough* », *ScienceDaily*, octobre 2007.

36. Gabriel S. Lenz, *et al.*, « *Looking the Part: Television Leads Less Informed Citizens to Vote Based on Candidates' Appearance* », *American Journal of Political Science*, avril 2011.

37. Voir également la définition du « terroir » selon Pierre George et Fernand Verger : « Un espace géographique qualifié par une appartenance juridique (territoire national), une particularité naturelle (territoire montagneux) ou culturelle (territoire linguistique). » P. George et F. Verger, *Dictionnaire de la géographie*, Presses universitaires de France, 2009. Cette définition est très similaire au concept de « biorégion » : « Une biorégion correspond à un territoire dont les limites ne sont pas définies par des frontières politiques, mais par des limites géographiques qui prennent en compte tant

Cette proposition d'organisation a pour but de trouver l'outil de prise de décision et de gestion le plus efficace et le mieux adapté aux populations, à leur terroir et à leur commune.
Pour mieux comprendre cette proposition d'organisation, nous pouvons revenir sur la ferme dont j'ai eu la charge. Qui est le plus à même de prendre les décisions importantes concernant « mes » cultures ? Si je suis compétent, la réponse logique est : moi. Normalement, je connais mieux que quiconque les sols, les microclimats, l'hydrologie du lieu, etc. Je suis aussi le mieux placé pour croiser des plantes et obtenir des variétés mieux adaptées aux conditions spécifiques de mon terrain. Sur la commune de mon ancienne ferme, nous avions un paysage très varié : montagnes, rivières, vallées, forêts, prairies... Les gens du lieu ont de bonnes connaissances de leur environnement. Des familles y ont vécu pendant plusieurs générations ; il semble logique que ces habitants soient les plus à même de prendre des décisions concernant leur commune.
Les décisions à prendre peuvent être complexes. Certaines seront mieux prises par moi-même, d'autres par une participation collective des habitants. Il y a des décisions qui concernent le territoire et des décisions qui concernent l'ensemble des territoires. Si la gouvernance et la gestion sont efficaces dans ma commune, il y aura moins de décisions à prendre lors des étapes suivantes concernant le territoire puis les questions multiterritoriales : Rappelez-vous la partie « 7. Faire baisser la gouvernance en limitant la distance ». C'est le principe permacole du zonage : la quantité nécessaire de travail et de visites diminue en fonction de l'éloignement par rapport aux habitations.

L'imbrication des systèmes

Notons qu'une société devient parfois plus complexe avec le temps, plus complexe dans son économie, son organisation sociale. Concernant la gouvernance et l'Administration, le mot « compliqué » devrait par ailleurs être préféré à celui de « complexe ». À mon sens, le mieux serait de dire en fait que les sociétés sont de plus en plus imbriquées les unes dans les autres au fur et à mesure que le temps passe, ce qui veut dire que les démarches administratives, les protocoles, les lois, etc., d'une société « mature » deviennent aussi de plus en plus confus, compliqués et difficiles à comprendre. À tel point que plus l'organisation est compliquée, plus il faut de spécialistes capables de naviguer dans son labyrinthe. Le temps passé par une personne à comprendre et à remplir des formulaires, etc., est de plus en plus long. Cette imbrication est considérée par certains chercheurs comme un élément annonciateur de l'effondrement d'une civilisation[38].

les communautés humaines que les écosystèmes. » Lawrence F. London Jr., « *What is a bioregion?* », World Ressources Institute, mai 2000.
38. Thomas Bolognesi, *et al.*, « *Environmental Governance Dynamics: Some Micro Foundations of Macro Failures* », *Ecological Economics*, n° 170, Elsevier, avril 2020.

Les lois et les réglementations obéissent au même procédé. Une nouvelle réglementation arrive dans un écosystème déjà occupé par d'autres réglementations mises en place auparavant. Cette introduction d'une mesure nouvelle peut semer la zizanie dans l'écosystème existant au point que l'impact positif des nouvelles règles est annihilé, car le système entier est perturbé.
Il semble évident que cette tendance à l'enchevêtrement fait partie des éléments que nous avons besoin de changer. Une gouvernance avec des réglementations claires et faciles à comprendre peut simplifier la vie quotidienne des individus et en même temps être plus efficace. Plusieurs civilisations – dont certaines disparues, comme l'Empire romain – ont subi ou subissent cette forme d'enchevêtrement que connaissent les États unitaires centralisés. Il est fort possible que la propension de tels États à se complexifier toujours plus soit une conséquence de cette forme d'organisation. La proposition d'organisation dont j'ai parlé en début de chapitre peut nous aider à aller à l'encontre de cette tendance.

Chapitre I
Le logement

D'après l'INSEE :

« Au 1er janvier 2016, la France métropolitaine compte 34,5 millions de logements. Depuis trente ans, le parc s'accroît de 1 % par an en moyenne. Aujourd'hui, sur 100 logements, 82 sont des résidences principales, 10 sont des résidences secondaires ou des logements occasionnels et 8 sont des logements vacants[39]. »

Par ailleurs, 41 % des résidences secondaires se trouvent dans les communes rurales. En effet, dans un rapport intitulé *L'État du mal-logement en France*, paru en 2018, la Fondation Abbé Pierre indiquait pourtant que 4 millions de personnes en France sont mal logées. Ce chiffre représente 6 % de la population française.
De même, la construction à des conséquences énormes sur l'environnement. Il est estimé que l'industrie du bâtiment est la cause de 23 % de la pollution aérienne, de 50 % des changements climatiques, de 40 % de la pollution des sources d'eau et de 50 % du total des déchets produits[40].
Le fait que 6 % de la population française soit mal-logée, le prix croissant de l'immobilier et la destruction de l'environnement provoquée par la construction et l'utilisation malheureuse du parc immobilier sont des problèmes que nous devrons résoudre au plus vite.
J'avoue que je ne suis pas quelqu'un qui aime particulièrement les maisons – voir la troisième photographie du cahier couleurs. Je les trouve trop chères, et nous passons bien trop de temps à les ranger et à les nettoyer : elles demandent beaucoup d'entretien et sont assez énergivores.

---

39. Céline Arnold, « *Le parc de logements en France au 1er janvier 2018* », *INSEE Focus*, n° 126, octobre 2018.
40. Willmott Dixon, « *The Impacts of Construction and the Built Environment* », *Briefing Note*, n° 33, décembre 2010.

Agir sur le prix et les forces inflationnistes : changer le système bancaire

D'abord, il faut comprendre que les banques « créent » l'argent : la plupart du temps, dans une économie moderne, l'argent existe sous la forme de dépôts en banque et non pas sous la forme de billets ou de monnaie. Les banques créent ces dépôts par la création de dettes. Chaque fois qu'une banque prête de l'argent, elle ne donne pas de l'argent à quelqu'un, elle crée un dépôt sur le compte de cette personne et ainsi crée de l'argent nouveau. Cet argent est appelé parfois, par certains économistes, « l'argent de stylo-plume[41] ».

Ce pouvoir des banques de créer l'argent/la dette soulève plusieurs problématiques :

- Les banques décident des types de prêts, et donc de la manière dont l'argent est dépensé. Selon la Banque d'Angleterre, entre 1997 et 2007, 31 % de l'argent créé par les banques l'était pour les prêts immobiliers, 20 % pour les commerces et 32 % pour le secteur financier. Cette libération de crédit pour l'achat de biens immobiliers a créé un « boom » dans le secteur et une forte inflation dans le prix du bâti.
- Les banques centrales ont tendance à encourager la consommation de masse. Elles baissent les taux de base afin d'encourager les banques commerciales à faire pareil. Et quand c'est le cas, le grand public est encouragé à s'endetter pour acheter des biens et des services. En un mot, ça veut dire que le poids des dettes portées par les individus s'accroît.
- La viabilité du système dépend de la volonté des gouvernements de sauver les banques en faillite. S'il y a une chute de la valeur des actifs d'une banque, elle peut se retrouver dans une situation d'insolvabilité. En 2008, la Royal Bank of Scotland s'est trouvée justement dans cette position, et elle n'a été sauvée que par le gouvernement britannique. (Bien sûr, l'argent utilisé pour sauver cette banque est venu des contribuables.)
- La solution proposée par de nombreux économistes est une « monnaie pleine ». En imposant aux banques commerciales des réserves de 100 % des dépôts monétaires, la création monétaire est transférée depuis les banques privées vers la banque centrale. Si le flux d'argent/des dettes vers le secteur de l'immobilier est réduit, le prix de l'immobilier va stagner ou même baisser.

41. NdÉ : On parle en anglais de « *fountain pen money* » qui désigne l'argent créé par les banques en une signature.

La spéculation

Quand il y a des incertitudes sur les marchés financiers, l'immobilier est vu par les institutions et les spéculateurs comme une valeur sûre. Voilà une nouvelle pression qui fait gonfler le prix du bâti. Comment, dans un premier temps, agir afin d'arrêter cette spéculation ? Il faut la stopper, car c'est l'une des causes principales de la flambée des prix de l'immobilier (on a assisté à une inflation de plus de 140 % en dix ans). La spéculation a généré d'énormes bénéfices pour de nombreuses personnes et de nombreuses sociétés et, par conséquent, elle a rendu les logements inaccessibles à la location ou à l'achat pour une partie de plus en plus grande de la population.

Redonner du pouvoir aux maires pour lutter contre la spéculation immobilière

En 2019, le gouvernement a décidé de s'attaquer au problème de la spéculation immobilière. Jean-Luc Lagleize a eu pour mission de proposer des moyens «pour stopper définitivement la spéculation foncière[42] »; il a imaginé de dissocier la propriété du terrain de celle du bâtiment construit dessus. Comment pratiquement dissocier le foncier du bâti ? Selon lui, un «office foncier donnerait à un constructeur (promoteur, aménageur, bailleur social), par un bail emphytéotique à durée illimitée, un droit à construire un programme particulier (logements, commerces, équipements publics)[43] ». En d'autres termes, l'office achète pour toujours : « Le foncier n'étant désormais plus jamais en vente, il ne peut plus faire l'objet de spéculation[44]. »
Le rôle des maires se verrait renforcé : les communes bénéficieraient d'un droit de préemption, sous certaines conditions, pour acquérir un bien immobilier à un prix inférieur à celui demandé – cette préemption doit profiter à toute la commune (avec la création de logements sociaux, par exemple), et la commune doit disposer d'un plan d'occupation des sols et d'un plan local d'urbanisation. Si la mairie s'engage en faveur d'une telle initiative, l'effet déflationniste sur le prix de l'immobilier dans la commune est incontestable.

Les maisons secondaires

Les maisons secondaires représentent 10 % du parc résidentiel en France, soit plus de 3 000 000 de logements. Le nombre des maisons secondaires a augmenté depuis les années 1950 pour exercer encore une pression supplémentaire

42, 43, 44. Proposition de loi présentée à l'Assemblée nationale par le député Jean-Luc Lagleize, 16 octobre 2019.

aujourd'hui sur le prix de l'immobilier. Elles sont 84 609 à Paris, 7 013 à Lyon[45]. En général, la transformation de maisons d'habitation en maisons secondaires est malsaine pour une commune : elle fait monter le prix de l'immobilier et peut donner à un quartier l'air d'être déserté à certaines saisons. Il semble donc assez logique que le pourcentage d'habitations secondaires dans une commune ne dépasse pas un certain seuil. Dans l'idéal, il n'y en aurait pas, car dans trop de cas elles contribuent à la pénurie des logements disponibles, et l'inflation pousse les habitants les plus fragiles à quitter leur commune. Il serait possible d'en limiter le nombre en agissant sur les taxes d'habitation et les taxes communales. Si la mairie constate qu'un bien risque d'être vendu pour devenir une maison secondaire, elle devrait désormais pouvoir également utiliser son droit de préemption.

Les logements vacants

En 2015, le nombre de logements vacants représentait 7,9 % du total du parc de logements en France (34 306 683 logements)[46].
Presque 10 % des logements en France sont vacants (2 710 228 logements) et 4 millions de personnes ne disposent pas d'un logement digne de ce nom. De là à dire que ces dernières personnes pourraient s'installer dans les logements vacants, il n'y a qu'un pas… mais les types d'habitations libres et leurs qualités ne correspondent pas forcément aux besoins, par exemple parce qu'ils sont trop éloignés des zones de travail. Une partie de la reconstruction socio-écologique proposée dans ce livre veille à revaloriser les communes rurales et à stimuler une croissance économique de proximité. Il y a des régions avec une vraie pénurie de logements et d'autres dans lesquelles l'offre de logements locatifs est bien supérieure à la demande – souvent à cause des investissements stimulés par le dispositif Scellier ou par un flux migratoire négatif. Les communes rurales doivent agir davantage pour attirer les nouveaux habitants dont elles ont besoin.
Il faut noter aussi que le chiffre des logements vacants de l'INSEE est « brut » : sont inclus dans ce chiffre les maisons vétustes, les logements en attente d'occupation, les biens destinés à la vente (parfois, les propriétaires attendent que le prix de l'immobilier remonte, ou, parfois, le logement se trouve dans un lieu où il n'y a pas de demande) et les habitations pour lesquelles la succession est en cours.
La taxe sur les logements vacants peut être augmentée, comme la taxe d'habitation, ça ne sert pas à grande chose s'il n'y a pas d'acheteurs. En plus, il suffit souvent de vider un logement de ses meubles pour être exonéré de taxes. Du coup, chaque commune/quartier a besoin d'agir selon plusieurs approches, mais surtout de rendre le lieu plus attractif.

45. INSEE, « Logement en 2008 – Recensement de la population. Base indicateurs de la fiche synthétique », juin 2011.
46. Fondation Abbé-Pierre, *L'État du mal-logement en France, 2020 – Rapport annuel #25*.

Valoriser les logements sociaux

On peut discuter le fait qu'il y ait une quantité insuffisante de biens immobiliers en France, mais ce qui ne fait pas débat, c'est le manque de logements sociaux disponibles : la Fondation Abbé Pierre annonçait que 2 113 000 ménages étaient en attente d'un logement social en 2018[47].
Nous l'avons vu, une mairie doit pouvoir préempter des ventes immobilières afin de créer des logements sociaux, mais… il nous faut aussi un changement de mentalités pour que les logements sociaux – et surtout leurs habitants – ne soient plus dénigrés, mais considérés comme un atout pour la commune.

La construction et la réhabilitation des logements

La construction ou la réhabilitation de logements sont des industries dont le leitmotiv est logiquement de faire des bénéfices. Le prix des matériaux ne cesse par ailleurs d'augmenter, et le poids des industries d'extraction, etc., est de plus en plus important. Il n'en reste pas moins possible de construire ou de réhabiliter des maisons avec une consommation d'énergie réduite ou, même, de transformer des habitations en bâtiments à énergie positive. C'est actuellement une priorité : la réglementation thermique 2020 (RT 2020) impose à toute nouvelle construction de produire plus d'énergie qu'elle n'en consomme.
Nous pouvons aujourd'hui nous demander si nous avons vraiment besoin de continuer à construire. Encore une fois, ça dépend du contexte : il y a des régions où il y a un surplus de logements et d'autres où ils sont en situation de pénurie. Ce n'est donc pas un problème de quantité, mais une question de géographie. Pour répondre à cette situation, les zones sujettes à un flux migratoire négatif peuvent faire des bilans pour mieux comprendre pourquoi il y a cette fuite et comment rendre le bilan positif. Les zones qui subissent un flux migratoire positif ou trop fort peuvent également agir pour réduire ce flux et encourager les gens à s'installer ailleurs. Il n'est plus possible aujourd'hui de laisser se poursuivre l'abandon des communes.
Il existe déjà des initiatives destinées à transformer plusieurs types d'immeubles existants en maisons résidentielles. Par exemple, « de 2001 à 2012, 378 600 mètres carrés de bureaux ont été transformés en logements dans Paris intra-muros », assure Ian Brossat, adjoint chargé du Logement à la mairie de Paris[48]. De telles initiatives vont mécaniquement réduire le besoin de construire des logements neufs.
D'autres démarches ont encore pour objectif de réduire l'impact de l'industrie de la construction sur l'environnement comme de faire baisser sa consommation de ressources. Citons l'exemple de l'initiative Madaster, qui défend l'idée

47. Michael Ferrari, « Manque-t-on de logements en France ? », Esprit riche.
48. « Paris compte transformer un tiers de ses bureaux vides en logements », *La Tribune*, avril 2015.

d'éliminer le gaspillage et la production de déchets en passant par la démolition et la construction des bâtiments[49]. L'approche repose sur un « passeport des matériaux », tous les constituants d'un bâtiment ayant une identité : on stocke sur une base de données le type des ressources, leur localisation, leur quantité et leur qualité. La généralisation de tels systèmes permettrait à un bâtiment en fin de vie d'être déconstruit, et à ses matériaux d'être réutilisés beaucoup plus facilement qu'actuellement. Ce type de démarche peut aussi être utilisé au sein d'une commune et faire partie des bilans qu'une bonne conception permacole exige. Un bilan de matériaux deviendrait une base de données hébergée par la mairie, tout le monde y aurait accès. Chaque maison, chaque abri, chaque bâtiment, chaque magasin, seraient sujets à un bilan, et tous les matériaux qui les constituent figureraient dans cette base de données. Quand un bâtiment serait sur le point d'être démoli, ses matériaux seraient visibles par tous et disponibles pour ceux qui en auraient besoin. Dans l'idéal, lorsqu'un bâtiment serait démoli, son successeur devrait être construit en majeure partie avec les matériaux récupérés chez son prédécesseur. Créer une base de données de matériaux peut faire partie aussi d'une économie de proximité, et notamment de ses biens communs (ou biens disponibles pour la commune). Voitures, outils, machines, etc., acheter à plusieurs et partager entre acheteurs ou, encore mieux, rendre disponibles ces objets pour toute la commune est une solution à prendre en considération. Afin d'amortir l'investissement des acheteurs, les biens peuvent être loués au début avant d'être prêtés contre une dîme destinée à l'entretien et les éventuelles réparations.

De telles initiatives font partie d'un changement essentiel de paradigme : nous ne sommes pas obligés d'être propriétaires de tous les biens dont nous avons besoin. Si vous avez besoin de changer votre toit, par exemple, une société ou une association de votre commune peut s'engager à le faire remplacer par un toit « solaire ». Ainsi, vous aurez un toit et vous pourrez partager les bénéfices générés par la vente de l'électricité que vous produirez.

Concernant les logements insalubres, bien trop nombreux en France, il y a deux actions possibles.

- D'abord, les habitants peuvent faire appel à la mairie et solliciter le service communal d'hygiène et de santé pour qu'il réalise un bilan qui sera envoyé ensuite au préfet. Ledit préfet pourra prendre un arrêté d'insalubrité et obliger le propriétaire à entreprendre les travaux nécessaires. Le problème avec cette démarche, c'est que les propriétaires peuvent exercer une pression sur leurs locataires pour les pousser à quitter leur logement. Il y a des associations, comme Droit au logement, qui peuvent aider dans ce cas de figure.
- Sinon, nous pouvons nous demander comment il est possible que, dans une commune, des individus puissent habiter des logements insalubres ! Ne serait-il pas possible pour la commune d'organiser des chantiers participatifs pour rendre ces logements confortables ?

49. Madaster.com

Réhabiliter le parc du logement actuel

Ce sujet est vaste et aurait besoin d'un livre qui lui serait propre. Les astuces, les techniques, les approches, sont diverses et variées… et dépendent du contexte. Cela dit, les bases de la physique sont pareilles partout : le transfert de la chaleur et du bruit, le mouvement de l'humidité, etc.

L'approche permacole est assez simple, il s'agit de :
- repérer dans votre commune les maisons de haute consommation énergétique ;
- limiter les ressources, la main-d'œuvre, les fonds, etc., et s'assurer qu'ils sont partagés équitablement – il est conseillé de commencer pour les chantiers participatifs par les gens les plus précaires ;
- organiser des achats groupés pour les matériaux, mais aussi pour les panneaux photovoltaïques, les éoliennes, les accumulateurs, etc.

Heureusement pour moi, de nombreuses personnes ont travaillé sur les possibles approches utiles à la réhabilitation des maisons, des appartements et des bâtiments en général. Plusieurs organisations proposent des formations, de l'aide et des ressources téléchargeables. Citons l'Institut NégaWatt[50], Facilaréno[51] et Dorémi[52].

Réhabiliter le parc du bâtiment, c'est utile, certes, mais pas si c'est fait n'importe comment. Il est possible de réorganiser l'espace urbain afin de faciliter les déplacements de tous et de rendre l'environnement de chacun plus sain, plus prosocial et plus sécurisant. Nous ne pouvons plus continuer à développer les villes sans prendre en compte la psychologie et les besoins physiques du principal animal qui y habite : l'humain. Il est donc essentiel de placer des ingénieries holistiques – telles que la permaculture – au cœur de cette réhabilitation. Pendant des décennies, les chercheurs, les scientifiques, ont sonné l'alerte par rapport au climat, à l'environnement, à la biodiversité, aux antibiotiques, etc., etc. Nous avons aussi essayé d'avertir la population citadine par rapport à la nocivité des villes. Non seulement à cause de la pollution, mais également en ce qui concerne l'organisation de l'espace urbain. Il est devenu capital d'arrêter de remplir chaque mètre carré avec des bâtiments. Il est essentiel aujourd'hui que nous organisions l'espace afin qu'il prenne soin de nous. Ce n'est pas si compliqué : à travers de nombreuses études, des sociobiologistes et des chercheurs en neuroscience, entre autres, nous donnent des pistes à suivre.

50. www.institut-negawatt.com.
51. www.facilareno.fr.
52. www.renovation-doremi.com.

Chapitre II
Les transports

La « mode » évolue, pour les moyens de transport comme pour tout. La voiture n'est devenue l'outil de déplacement dominant que relativement récemment. Avant les années 1930, c'est le transport en commun qui était le moyen de locomotion le plus utilisé. Nous pouvons nous demander pourquoi il y a eu ce changement. Aux États-Unis, le « grand scandale des tramways américains » y a probablement contribué : certaines sociétés, comme General Motors, ont été condamnées pour tentative de monopole. La suppression des trams a été encouragée et l'adoption de la voiture favorisée ; quelques-uns y ont vu une conspiration. Aujourd'hui, dans plusieurs villes, la tendance va à l'encontre de ce choix du passé. À Paris, par exemple, un déplacement sur deux se fait à pied ; le nombre de déplacements quotidiens en voiture individuelle a reculé de 4, 7 % en Île-de-France entre 2010 et 2018[53].

La position permacole sur l'utilisation des voitures en ville (et ailleurs) est claire. Les voitures ne prendront soin ni de la Terre ni des humains. L'impact de la pollution sur la santé est encore pire chez les jeunes, dont la masse corporelle est moins développée. Il y a beaucoup d'études sur l'impact de la pollution sur la santé. L'une d'entre elles, publiée dans *Annals of the American Thoracic Society*, est frappante. Elle montre que des initiatives prises localement pour réduire la pollution aérienne ont un impact positif sur la santé de toute une population et que les effets de telles mesures sont quasi immédiats et incontestables. La fermeture d'une aciérie en Utah (États-Unis) a par exemple réduit de moitié les hospitalisations pour cause de pneumonie, pleurésie, bronchite et asthme, et l'absentéisme à l'école a chuté de 40 %. Autre exemple, la fermeture de plusieurs tronçons des routes d'Atlanta (États-Unis) et de Beijing (Chine) en vue des jeux Olympiques a réduit temporairement mais significativement le niveau de pollution aérienne, et a été suivie par une réduction des cas d'asthme et des hospitalisations pour cause de problèmes cardiovasculaires[54].
Le fabricant de GPS TomTom estime qu'à Paris, le matin, à l'heure de pointe, les embouteillages ajoutent 22 minutes à un trajet de 30 minutes. Le soir, c'est 21 minutes, et le total pour l'année est de 6 jours et 19 heures supplémentaires[55].

53. Jean-Baptiste de la Torre, « En Île-de-France, l'usage quotidien de la voiture recule pour la première fois depuis l'après-guerre », *Le Figaro*, novembre 2019.
54. Dean E. Schraufnagel, *et al.*, « *Heath Benefits of Air Pollution Reduction* », *Annals of the American Thoracic Society*, n° 12, décembre 2019.
55. TomTom, « *Time Lost in Rush Hour* », Paris traffic, juillet 2020.

Même si nous ne prenions pas en compte le 1,35 million de personnes tuées sur la route en 2018 dans le monde (à titre de comparaison, 68 987 personnes sont mortes dans des conflits armés en 2017[56]), il est évident que la présence des voitures en ville est contraire à la bonne santé et à la longévité des citadins. Utiliser une voiture en ville est fortement antisocial et devrait être vu comme tel. Il est incroyable pour moi qu'une machine qui pollue autant ait toujours sa place en ville. L'air des villes, rendu toxique par les gaz d'échappement, est respiré par les propres enfants des conducteurs. Grâce aux filtres sur les ventilateurs, l'intérieur des voitures est protégé de la pollution produite par ces mêmes voitures, mais tous les autres, les piétons, les cyclistes, les enfants en poussettes, les personnes qui prennent le métro, n'ont pas cette chance. C'est le cas aussi pour les conducteurs quand ils ont besoin de quitter leurs machines. Obliger tout le monde à changer sa voiture pour une voiture électrique ou à hydrogène peut être vu comme la solution idéale par de nombreuses municipalités, mais en réalité ce ne sont pas les voitures qui posent problème. Les vraies questions sont : pourquoi est-ce que nous avons besoin de nous déplacer autant, et pourquoi est-ce que le transport en commun n'est pas suffisant pour assurer les trajets obligatoires ? Et les voitures électriques ou à hydrogène polluent quand même (poussière produite par les freins et les pneus, bruit des pneus sur la route en dépit d'un moteur silencieux)… Ces engins sont donc aussi dangereux que n'importe quelle autre voiture. La place, les routes, les parkings, etc., dont ces voitures « écologiques » ont besoin sont aussi importants que ceux des voitures « fossiles ».

Du point de vue de la permaculture, nous pouvons approcher le problème des transports en nous demandant, comme nous le faisons souvent, comment réduire les besoins avant de penser à la manière de les fournir. La proposition de développer les économies de proximité des communes et des villages urbains n'est pas uniquement avancée pour que les gens dépensent moins et mieux, c'est aussi une façon de créer des emplois proches du lieu de vie des gens. Ce qui veut dire, encore une fois, que développer le local afin de réduire ou de supprimer le besoin de se déplacer à l'autre bout de la ville pour aller travailler est une bonne chose.

Les éventuelles solutions de remplacement concernant les déplacements en ville sont assez simples : il suffit de promouvoir et d'améliorer les transports en commun et les pistes cyclables. Les systèmes de transport gérés par les municipalités fonctionnent en général bien. En Écosse, par exemple, Lothian Buses et ses 2 500 salariés sont gérés par Édimbourg, et les bénéfices réalisés réinvestis dans un projet de tramway également lancé par la commune. En Angleterre, à Reading, entre 12 et 15 % du chiffre d'affaires annuel de la compagnie de transports locale sont réinvestis dans le réseau de bus ; ce réseau est la propriété de la commune et il n'y a pas d'actionnaires, donc il n'y a pas de dividendes à payer.

56. Organisation mondiale de la santé, « *Global Status Report on Road Safety 2018* », décembre 2018.

La remunicipalisation

Les services sociaux comme ceux de l'eau, de l'énergie, des transports, des cantines scolaires, sont de plus en plus souvent retirés des mains des sociétés privées pour être redonnés aux municipalités. Après des années passées à penser que «privatiser, c'est mieux», le vent tourne. Les communes comprennent que les bénéfices générés par l'offre de services doivent aller à la commune et non pas aux actionnaires qui n'habitent même pas la commune. Un rapport a récemment établi qu'à Paris, par exemple, «le retour en gestion publique [de la politique de l'eau] a permis à [la ville] de baisser le prix de l'eau tout en maintenant un niveau élevé d'investissement[57].»

De tels exemples nous montrent qu'en général et dans la mesure du possible, les services publics doivent être gérés localement. Dans le cas de l'eau potable, en revanche, la bonne gestion du bassin-versant est primordiale, ce qui nécessite une gestion à l'échelle du terroir ou une gestion multicommunale. Nous avons vu précédemment comment acquérir localement son autonomie alimentaire; dans le cas de l'électricité, ce sera la même chose – même s'il est parfois compliqué de calculer les économies d'énergie que nous pouvons faire si nous réduisons nos besoins en électricité. La fourniture de cette énergie ne devrait se baser ni sur le profit ni sur la vente. Elle devrait reposer sur la meilleure manière de vivre bien en consommant le moins possible. Comme depuis longtemps la raison d'être des fournisseurs d'énergie est de maximiser les profits, il y a beaucoup à faire pour distinguer ce qui est nécessaire et utile de ce qui ne l'est pas.

La même chose est vraie pour l'eau potable, les transports, etc. Pour commencer, la permaculture envisagera pour chaque maison, chaque appartement, chaque magasin, chaque bâtiment municipal, chaque lampadaire, etc., un bilan permettant d'identifier les éventuels gaspillages. Par la suite seulement, nous pourrons agir pour stopper le gaspillage. Où se trouvent les consommations inutiles? Dans le cas de l'eau, où sont les fuites possibles? Ce n'est qu'après avoir réduit la consommation inutile, comblé les fuites et réduit le gaspillage que nous commencerons à réfléchir à une nouvelle manière de produire.
Les toits non utilisés pour la production peuvent servir à accueillir des panneaux photovoltaïques, des éoliennes à axe horizontal, etc. La chaleur, comme n'importe quel autre produit secondaire généré par une activité, peut être réutilisée dans le genre d'écosystèmes micro-industriels dont j'ai déjà parlé. Les métros, par exemple, produisent pas mal de chaleur, les serveurs utilisés pour stocker des données également. Il est absurde que cette chaleur ne

57. Olivier Petitjean, «Anne Le Strat : "La remunicipalisation a permis à Paris de mener une politique de l'eau plus durable et plus démocratique"», Observatoire des multinationales, avril 2015.

soit pas utilisée. Une étude faite sur le métro de Londres estime qu'un système de pompes à chaleur pourrait à la fois réduire la température des tunnels et produire environ 1,1 MW de chaleur à 70 °C pour un réseau de chauffage urbain. Si les 200 puits d'aération du métro londonien étaient ainsi équipés, une économie de 360 000 tonnes de carbone serait possible, et le système pourrait générer autour de 40 000 000 livres sterling de revenus[58].

58. Gareth Davies, *et al.*, « *Combining Cooling of Underground Railways with Heat Recovery and Reuse* », *Sustainable Cities and Society*, n° 45, Elsevier, février 2019.

Chapitre III
L'éducation et la permaculture

À strictement parler, cette partie concerne aussi les écoles en milieu rural, mais nous allons nous intéresser prioritairement aux activités avec un minimum de densité de population : les cités universitaires et les pôles de recherche.
En 1975, Samuel H. Preston publie les résultats de ses recherches et démontre la relation existante entre le PIB et l'espérance de vie. Plus récemment, d'autres chercheurs ont mis en évidence la corrélation entre le niveau d'éducation (la durée d'études des citoyens) et l'espérance de vie. Une meilleure éducation engendre une meilleure santé et de meilleurs revenus[59].
Nous sommes confrontés à un cycle vicieux. Il existe des disparités entre les milieux socio-économiques par rapport à l'éducation des enfants, et ce, dès le plus jeune âge. Les inégalités perdurent et s'accentuent au fil des années, et, la plupart du temps, l'ascenseur social ne fonctionne que pour certains.

Nous sommes également confrontés à ce qui est pour moi un paradoxe : les personnes ayant reçu une « bonne éducation » « réussirent » mieux leurs vies et se voient automatiquement dotées d'un « bon statut social ». Les acteurs les plus importants de la vie en communautés sont donc laissés pour compte : les éboueur·euse·s, les agriculteur·trice·s, les agent·e·s d'entretien communal, les infirmier·ère·s, les enseignant·e·s, etc., toutes ces personnes sans qui la vie quotidienne serait insupportable sont aussi celles qui sont les moins bien rémunérées et à qui l'on accorde un statut social moindre.

Une bonne éducation est essentielle. Pour tout le monde. Nous mettons toutefois l'accent sur une certaine forme de compréhension[60], le savoir « intellectuel », et nous n'accordons pas assez d'importance aux autres formes d'intelligence : émotionnelle, sociale, pédagogique, sympathique et empathique. Ce serait logique si le système éducatif avait pour fonction de créer de futurs acteurs économiques : des ouvrier·ère·s, des chef·fe·s

59. Wolfgang Lutz, *et al.*, « *Education and Health: Redrawing the Preston Curve* », *Population and Development Review*, n° 2, juin 2018.
60. J'utilise le mot « compréhension » (« action de comprendre le sens, le fonctionnement, la nature, etc., de quelque chose », *Larousse*) plutôt que le mot « intelligence », trop connoté et souvent l'objet de recherches scientifiques. L'idée qu'il y a plusieurs types d'intelligence n'est en effet pas acceptée universellement par les chercheurs. Ce qui est certain, c'est que nous ne sommes pas égaux et que quelque chose de simple pour quelqu'un peut être difficile pour son·sa voisin·e, et *vice versa*.

d'entreprise, des consommateur·trice·s, etc. Si, en revanche, ce système est conçu pour encourager les élèves à développer sans contrainte leur propre créativité et une forme de compréhension qui aussi leur est propre, le système actuel est inadapté aux humains et à leurs besoins présents et futurs. Face aux changements climatiques, aux inégalités, à la dégradation de l'environnement et aux autres crises d'aujourd'hui, nous avons besoin de la créativité de tout le monde pour trouver des solutions.

La transmission horizontale, les universités populaires, toutes les formes d'une éducation proche des gens, peuvent aider à démocratiser l'éducation. Il est indispensable aussi que chacun ait accès à un soutien scolaire si besoin, et ce, quelle que soit son origine socioculturelle. Nous devons revenir au principe de l'entre-aide qui est au cœur d'une transition socio-écologique réussie.
L'infrastructure et le mobilier des écoles sont aussi à revoir. Il m'est arrivé de travailler avec des écoles pour installer des jardins pédagogiques ou des jardins de production en leur sein, et comme je suis permaculteur, je donnais aussi des conseils concernant l'infrastructure. N'importe quel bâtiment doit être adapté à son utilisation, et nous pouvons dire la même chose pour le mobilier, l'éclairage, etc. Malheureusement, l'infrastructure, la géométrie, les meubles, l'environnement sonore… quasiment tout, dans nos écoles, nos collèges, nos lycées, est trop souvent inadapté. Les meubles sont par exemple à taille unique, alors que tous les enfants sont différents. Les chaises et les bureaux imposent une mauvaise tenue aux jeunes. L'environnement est bruyant, ça résonne, les fenêtres sont trop peu nombreuses, les sacs à dos trop lourds… C'est une priorité pour toutes les communes que de faire le bilan de leurs établissements scolaires, de les reconcevoir et, par la suite, de les transformer en vrais lieux d'apprentissage et d'érudition.

Tant que je suis sur le sujet des jeunes gens, il me semble totalement injuste que nous ayons créé un environnement qui nuit à leur santé et à leur espérance de vie. Nous voyons parfois des projections concernant les jeunes générations qui semblent indiquer que l'espérance de vie et la santé vont continuer à s'améliorer. Ces projections sont basées sur les générations actuelles, sur celles qui sont en train de « bien » vieillir. Les jeunes d'aujourd'hui, eux, ne grandissent pas dans les mêmes conditions que leurs grands-parents ou leurs arrière-grands-parents, nés juste avant ou pendant la Deuxième Guerre mondiale. L'air, l'eau, le sol, sont de plus en plus pollués ; les tests nucléaires ou l'utilisation de produits chimiques comme le DDT (finalement aboli après avoir été épandu partout), le plomb, les microparticules de plastique, les particules fines (PM 10, PM 2,5 et PM 1,0), etc., n'améliorent pas les choses. Nous avons créé un environnement toxique, il est donc fort probable que les projections optimistes précédemment évoquées soient trompeuses. Voilà encore une raison de mettre les fameux principes éthiques du soin de la Terre et des humains au cœur des changements nécessaires pour protéger les jeunes générations. Selon une étude réalisée aux États-Unis, les « milléniaux » (nés entre 1981 et 1996[61], appelés aussi « la génération Y ») sont plus fréquemment touchés par plusieurs troubles : la déprime, l'abus de certaines substances ou d'alcool, l'hypertension, l'hyperactivité, les psychoses, la maladie de Crohn, le diabète de type II, etc., que les individus appartenant à la génération X (nés entre 1961 et 1981 ou entre 1965 et 1984) au même âge[62].

Synthèse

- La discrimination contre une partie de la population ou son exclusion des processus de gouvernance en raison du genre, de la sexualité, de l'ethnicité, de l'âge, de la religion ou de l'athéisme, des coutumes (vestimentaires ou autres), des capacités physiques, etc., n'est ni éthique, ni permacole, ni juste.
- La gouvernance permacole respecte la diversité et le droit des gens à s'organiser comme bon leur semble au sein de leur commune.
- La forme de gouvernance d'une commune doit respecter les générations futures et défendre leurs droits à modifier le système selon leur gré.
- Le rôle que je joue dans le système de gouvernance de ma commune ne m'accorde pas en soi de statut social particulier – ce sont le temps, l'expertise, les connaissances, etc., que je partage et que je mets au service de ma commune, qui définiront mon statut.
- Tout en gardant en tête l'idée selon laquelle la gouvernance diminue avec la distance, créez des systèmes de gouvernances à trois échelles : commune – territoire – espace multiterritorial.
- Stimuler la décroissance du prix de l'immobilier et empêcher toute forme de spéculation immobilière. L'action est imputable en partie au gouvernement avec le passage à la monnaie pleine, mais aussi aux mairies qui devraient utiliser leur pouvoir de préemption.
- Décourager la croissance des maisons secondaires et agir pour réduire le nombre de logements vacants.
- Valoriser et créer des logements sociaux et agir pour améliorer les logements insalubres, par des actions légales et par des chantiers participatifs gérés par les habitants de la commune.
- Construire de nouveaux bâtiments seulement si la commune en a vraiment besoin et changer l'affectation des bâtiments vacants non résidentiels pour en faire des habitations.
- Réhabiliter la totalité des bâtiments dans la commune afin de réduire leur consommation en énergie, en eau, etc.

61. Edwige Kacenelenbogen, « Qui sont réellement les milléniaux ? », *Les Échos*, 19 juillet 2019.
62. Blue Cross Blue Shield, « *A Focus on Millennial Health Trends* », *The Health of Millennials*, avril 2019.

- Stimuler le développement des économies de proximité afin que les gens puissent aller là où se trouvent les maisons vides et les prix d'achat (ou les loyers) les moins chers.
- Trouver des stratégies qui limitent les déplacements.
- Il faut absolument des approches globales pour que les systèmes de transport soient intégrés les uns aux autres et que leur fonctionnement soit adapté au mieux au contexte. Les centres-villes ont des besoins différents de ceux des périphéries, par exemple.
- Une ville permacole sera un « village » dans une ville, avec simplement une densité de population beaucoup plus importante qu'à la campagne.
- Le monde de demain n'est pas prévisible, nous avons donc besoin de mettre en place un système éducatif complet qui aide les jeunes à développer autant que possible leur créativité, leur prosocialité et leur adaptabilité.
- Le système éducatif devrait être totalement équitable et de plus grande qualité, identique pour tout le monde. « L'éducation publique pousse à la démocratie, l'éducation particulière mène droit au despotisme. » (Ferdinando Galiani, économiste, 1728-1787.)
- L'infrastructure des établissements scolaires doit être transformée afin que ces derniers soient adaptés à leur rôle.
- L'éducation, la formation, la curiosité, ne s'arrêtent pas à la fin de la vie scolaire. Les organismes d'éducation populaire ont un rôle crucial à jouer.

Partie IV
La permaculture urbaine

Chapitre I
La situation des villes aujourd'hui, croissance et projections

Nous avons besoin de beaucoup d'informations pour pouvoir répondre aux questions suivantes relatives à l'organisation d'un système :
1. Qu'est-ce qui marche bien ?
2. Qu'est-ce qui ne marche pas bien, mais peut être amélioré ?
3. Qu'est-ce qui est toxique et doit être éliminé ?

La permaculture est liée à l'unité urbaine. Selon l'INSEE :

> « La notion d'unité urbaine repose sur la continuité du bâti et le nombre d'habitants. On appelle unité urbaine une commune ou un ensemble de communes présentant une zone de bâti continu (pas de coupure de plus de 200 mètres entre deux constructions) qui compte au moins 2 000 habitants.
>
> Si l'unité urbaine se situe sur une seule commune, elle est dénommée ville isolée. Si l'unité urbaine s'étend sur plusieurs communes, et si chacune de ces communes concentre plus de la moitié de sa population dans la zone de bâti continu, elle est dénommée agglomération multicommunale.
>
> Sont considérées comme rurales les communes qui ne rentrent pas dans la constitution d'une unité urbaine : les communes sans zone de bâti continu de 2000 habitants, et celles dont moins de la moitié de la population municipale est dans une zone de bâti continu[63]. »

Et l'unité urbaine est liée au déplacement progressif des populations des campagnes vers les villes. En 1900, seuls 14 % de la population mondiale habitaient en ville. En 1930, déjà 30 % s'étaient déplacés vers les villes. Ils étaient 54 % en 2014, et certaines prévisions tablaient sur 70 % minimum pour

63. « Unité urbain / agglomération / agglomération multicommunale / agglomération urbaine », INSEE, Définitions, méthodes et qualité, janvier 2020.

2050[64] – soit 2,5 milliards de personnes supplémentaires qui rejoindraient les villes. La majeure partie de cette augmentation devrait avoir lieu en Asie et en Afrique. En Inde, on estime qu'il y aura 404 millions de citadins en plus, en Chine 292 millions et au Nigeria 212 millions.

En 2014, on comptait 28 mégavilles, et environ 12 % de la population habitaient ces villes. En 2030, les projections indiquent qu'il y aura 41 mégavilles avec 10 millions d'habitants ou plus.
En 2014 toujours, environ la moitié de la population urbaine habitait des villes plus petites, de 500 000 habitants ou moins. Si globalement la taille des villes continue d'augmenter, cette augmentation ne concerne pas forcément les mégavilles, mais plutôt les villes plus petites[65].
En zone rurale, une nette décroissance se poursuit. La population rurale en France est passée de 22,6 % en 2006 à 20,25 % en 2016[66].

Qu'est-ce qui attire les gens en ville ou les pousse à y rester ?

Plusieurs raisons peuvent expliquer l'attrait des villes, et elles sont différentes selon la ville et le pays concernés. Toutefois, la croissance urbaine est en général due à :

- l'augmentation naturelle de la population (natalité),
- l'exode rural,
- la migration internationale vers les villes d'autres pays,
- la reclassification des zones rurales en zones urbaines (lorsque certains critères sont atteints, les habitants des zones périurbaines sont considérés comme des populations citadines).

Dans les pays en voie d'industrialisation, 60 % environ de l'augmentation de la population des villes est due à une forte natalité ; 40 % sont dus à la migration vers les zones urbaines depuis la campagne. Cela dit, les chiffres ne sont pas aussi fiables que nous pourrions le souhaiter. Pour cause, il existe aussi ce que nous appelons la « migration circulaire », qui concerne les populations rurales se rendant en ville avant de retourner vers la campagne. Elles sont souvent considérées comme rurales lors des bilans démographiques, ce qui fausse les données à ce sujet. Dans certaines villes de Chine, par exemple, la population

64. United Nations, « *World's population increasingly urban with more than half living in urban areas* », juillet 2014.
65. United Nations, Department of Economic and Social Affairs, Population Division, « *World Urbanization Prospects: The 2014 Revision* », 2014.
66. « Part de la population rurale dans la population totale en France de 2006 à 2018 », Statista, 2020.

répondant aux critères des migrants circulaires est estimée entre 20 % et 33 %[67].
La vie en ville peut donner l'impression d'avantages inaccessibles en milieu rural, comme :

- des possibilités d'emploi plus larges,
- des salaires plus élevés qu'à la campagne,
- des conditions de vie meilleures,
- des impressions d'une liberté religieuse et politique[68] plus importante,
- des réseaux éducatifs plus développés,
- un meilleur accès aux soins car présence de plus de centres médicaux,
- des climats plus attractifs,
- des zones plus sécurisées,
- des liens professionnels, personnels ou familiaux plus étendus,
- des industries plus présentes,
- des occasions matrimoniales plus intéressantes.

Les points positifs des villes

La contribution des villes au PIB global est supérieure à celles des zones rurales, plus de 80 % du PIB provient des villes. Les raisons sont nombreuses : meilleures infrastructures de travail, une plus grande diversité de ressources et de compétences humaines et un meilleur accès aux technologies[69].
En ville, une plus grande densité de population rend enfin le transport en commun viable, les trajets sont souvent moins longs qu'à la campagne, et l'organisation de la ville peut encourager les individus à marcher, utiliser un vélo ou une trottinette. Cela dit, le niveau de pollution dans les métros est souvent très élevé par rapport à celui des rues. Selon une étude réalisée à Londres[70], le niveau de pollution dans le métro est parfois trente fois supérieur à celui mesuré dans les rues. Une partie des particules fines qui se trouvent dans les tunnels de métro est « produite sur place », l'autre est aspirée depuis la surface et produite par les véhicules qui y circulent. Notons enfin que grâce aux filtres installés sur ces derniers, le niveau de pollution dans les habitacles est souvent inférieur à celui de l'air ambiant et des métros.

---

67. Abdullah Baqui, « *Global Urbanization: Trends, Patterns, Determinants, and Impacts* », Johns Hopkins Bloomberg School of Public Health, 2009.
68. Dr Basudeb Bhatta, *Analysis of Urban Growth and Sprawl from Remote Sensing Data*, Springer, 2010.
69. Gilles Duranton et Diego Puga, « *Micro-foundations of urban agglomeration economies* », dans *Handbook of Regional and Urban Economics*, Elsevier, 2004, ch. 48.
70. COMEAP, « *Statement on the Evidence For Health Effects In the Travelling Public Associated With Exposure To Particulate Matter In the London Underground* », *Public Health England*, mars 2015.

Les conséquences négatives sur le bien-être et la santé des citadins

Nos réflexes, nos instincts, nos réponses, ne sont pas adaptés à la vie en ville ; ils sont adaptés à une vie de chasseur-cueilleur. Ces derniers vivaient dans des groupes de tailles bien moins importantes que ceux dans lesquels nous oblige à vivre la vie des villes aujourd'hui, ils se déplaçaient régulièrement, et le concept de la propriété privée leur était inconnu.

Comme nous l'avons vu précédemment, la transition chasseur-cueilleur → agriculteur·trice sédentaire a eu des conséquences sur notre santé. Nous allons voir que des effets similaires se sont produits lors du passage vers une population moderne urbanisée.

Notez bien que je suis toujours dans la phase d'analyse, et je ne suis pas en train d'en conclure que nous devrions revenir à une vie de chasseur-cueilleur.

De toute façon, la population humaine compte plusieurs milliards de personnes de plus que pendant la période paléolithique.

Cette même densité de population peut générer du stress chez les gens. Pendant environ 200 000 ans, nous avons vécu en groupes de vingt à cinquante personnes. Un facteur mille sépare aujourd'hui la population des villes de ces groupes, et des conséquences physiques et psychologiques sont liées à la promiscuité ainsi créée. Certains êtres vivants sont plutôt solitaires, comme les renards, alors que d'autres organismes sont adaptés à la vie en société. Les êtres humains tombent dans cette dernière catégorie. L'anthropologue britannique Robin Dunbar estime que le nombre idéal pour un groupe d'humains se situe autour de 150 individus. Selon ses recherches, il devient difficile pour un être humain d'entretenir des relations pérennes quand le groupement dépasse cette taille. En général, le nombre de « vrais amis » sur les réseaux sociaux ne dépasse d'ailleurs jamais ce chiffre[71].

D'autres chercheurs ont trouvé d'autres limites, comme Bernard et Killworth qui proposent une limite de 231. Dans un cas comme dans l'autre, ces limites restent nettement inférieures à la population d'une ville, ou même d'un quartier. Les citadins sont donc entourés par un énorme nombre de personnes avec lesquelles ils n'ont pas de relations. Et c'est quelque chose de très récent dans notre histoire.

Cela dit, il n'existe pas d'études fiables démontrant la nocivité pour l'individu d'une grande densité de population. Une réponse serait de créer un plus petit clan à l'intérieur de cette grande population. Privés des moyens de le faire dans l'espace/l'environnement bâti, nous utilisons de nombreuses stratégies pour nous donner l'impression de faire partie d'un groupe plus intime. Nous adoptons un style de vêtements qui nous est propre, des gestes et un argot

71. Robin I. Dunbar, « *Neocortex Size as a Constraint on Group Size in Primates* », *Journal of Human Evolution*, n° 6, juin 1992.

compris par les membres du groupe et non par « les autres ». La plupart du temps, « mon » groupe se démarque par son opposition aux « autres », et c'est l'une des raisons pour lesquelles le niveau de criminalité est plus élevé dans les grandes villes que dans les petites villes et les zones rurales. Une autre stratégie, adoptée par certains citadins rusés pour arriver à créer un petit groupe dans un grand groupe, c'est de profiter des transports en commun ou de leurs propres véhicules pour aller vivre en banlieue plutôt que de rester au centre-ville.

Confrontées régulièrement à des situations de grande proximité avec des inconnus, à un excès de bruit, au passage de nombreux véhicules et à trop de lumière pendant la nuit, nos amygdales deviennent hyper-réactives. La fonction essentielle de l'amygdale est de décoder les stimuli qui pourraient être menaçants pour l'organisme. La réponse combat-fuite, adaptée aux situations de stress ponctuelles, est trop sollicitée quand l'environnement engendre continuellement du stress.

Nous ne connaissons pas encore les conséquences de la consommation de l'eau des villes sur la santé.

L'affluent rejeté dans les cours d'eau contient encore des traces de substances chimiques provenant, par exemple, des savons, des shampoings et des produits cosmétiques que nous utilisons puis évacuons avec l'eau de la baignoire. On retrouve aussi des résidus de médicaments (antidépresseurs, antiseptiques, pilules contraceptives, anti-inflammatoires, médicaments contre le cholestérol, l'hypertension, le cancer) ou d'antibiotiques. Il est difficile, voire impossible, d'éliminer ces traces de l'eau potable présentée aux citadins avec les systèmes de phytoépuration actuels.

L'environnement bâti a aussi des conséquences sur le bien-être des humains, et pas seulement à cause des matériaux utilisés dans la construction. Certaines formes d'architecture peuvent mettre en péril la pérennité des liens sociaux. Par exemple, remplacer un lotissement de maisons mitoyennes par une barre d'immeuble peut détruire une communauté.

Les citadins ont un risque plus élevé de troubles anxieux que les campagnards (21 % de plus). Ils sont aussi plus sensibles aux troubles de l'humeur (39 % de plus)[72]. Il y a plus de pollution en ville. La pollution aérienne est associée à un taux de mortalité plus élevé[73]. La pollution de l'air n'est pas la seule forme de pollution nuisant à l'espérance de vie. Le bruit et un environnement sonore constamment élevé sont aussi liés à un taux de mortalité plus élevé[74]. Les citadins, en comparaison avec les campagnards, ont de plus fortes réactions aux

72. Eric Haseltine, « *Amish Asthma Rates Offer Clues to Preventing Mental Illness* », *Psychology Today*, décembre 2016.

73. Paul H. Fischer, *et al.*, « *Air Pollution and Mortality in Seven Million Adults: The Dutch Environmental Longitudinal Study (DUELS)* », *Environmental Health Perspectives*, n° 7, juillet 2015.

74. Jaana I. Halonen, *et al.*, « *Road Traffic Noise Is Associated With Increades Cardiovacular Morbidity and Mortality and All-Cause Mortality in London* », *European Heart Journal*, n° 39, octobre 2015.

allergènes[75]. Les enfants qui grandissent en ville ont beaucoup plus tendance à souffrir d'asthme[76]. De même, les personnes habitant les parties des villes concernées par une grande densité de population ont un risque plus élevé de troubles psychiatriques. Ils ont aussi un risque élevé de souffrir de dépressions[77]. Les exemples d'effets négatifs sur la santé sont nombreux. Le niveau des xénoestrogènes[78] est plus élevé dans le sang des mères et leurs bébés. Ce qui entraîne plus de cancers des poumons, des seins et de la prostate. Les xénoestrogènes entraînent également une plus grande incidence d'obésité.

L'impact des villes sur l'environnement

En 2016, les villes couvraient environ 3 % de la surface de la Terre, mais elles consommaient 60 à 80 % de l'énergie utilisée par les humains et produisaient environ 70 % des gaz à effet de serre[79].
De fait, l'urbanisation des bassins-versants augmente la fréquence et la sévérité des inondations, les eaux transportent de nombreux polluants qui sont par la suite déversés hors de la zone urbanisée. Ces polluants ont un impact négatif sur la faune et la flore qui vivent dans les zones situées en aval des villes[80]. Le lien entre la disparition de la biodiversité et l'urbanisation n'est malheureusement plus à démontrer[81].

---

75. Woo-Jung Song, *et al.*, « *Urban-rural Differences in the Prevalence of Allergen sensitization and self-reported rhinitis in the Elderly population* », *Annals of Allergy, Asthma & Immunology*, n° 6, avril 2015.
76. James E. Gern, « *The Urban Environment and Childhood Asthma Study* », *The Journal of Allergy and Clinical Immunology*, mars 2010.
77. Kristina Sundquist, *et al.*, « *Urbanisation and Incidence of Psychosis and Depression: Follow-Up Study of 4.4 Million Women and Men in Sweden* », *The British Journal of Psychiatry*, n°4, avril 2004.
78. Les xénoestrogènes, d'origine synthétique ou naturelle, sont des formes d'hormones qui ont la capacité d'imiter le fonctionnement des œstrogènes. Elles sont impliquées, parmi d'autres perturbateurs, dans les cas de puberté précoce, de réduction et de concentration de la mobilité du sperme de plusieurs espèces.
79. Nations unies, « *Sustainable cities: Why they Matter* », Programme des Nations unies pour le développement, 2016.
80. Susanna T. Y. Tong, *et al.*, « *Assessing the Water Quality Impacts of Future Land-Use Changes in an Urbanising Watershed* », *Civil Engineering and Environmental Systems*, n° 1, 2009.
81. Aníbal Pauchard, *et al.*, « *Multiple Effects of Urbanization on the Biodiversity of Developing Countries: The Case of a Fast-Growing Metropolitan Area (Concepcion, Chile)* », *Biological Conservation*, n° 3, janvier 2006.

Chapitre II
Une ville permacole

Nous avons créé des villes qui ne sont adaptées ni à nous ni au reste de la biosphère. Elles attirent de plus en plus de gens qui subissent les conséquences des changements climatiques, les guerres, les famines, etc. La croissance des villes et la désertification des campagnes ne peuvent pas continuer. Nous assistons à des effets en cascade : moins il y a d'habitants au village, moins il y a de services publics, de travail, de transports en commun, de cultures. Du coup, la fuite vers la ville s'amplifie, les maisons deviennent souvent des maisons de vacances. Ceux qui continueront à habiter dans leur village seront obligés d'aller travailler et faire leurs achats dans la ville la plus proche, ce qui aura un impact négatif sur l'économie de proximité du village. L'augmentation de la population en ville fait augmenter le prix d'immobilier, certains vont préférer habiter dans un village, mais devront faire le trajet chaque jour vers leur travail en ville. Les villages deviendront des « villages-dortoirs » et des « villages de maisons secondaires ».

De nombreuses villes ont lancé des initiatives variées avec l'objectif d'améliorer les conditions de vie des citadins. Une des difficultés réside dans le manque de partage des initiatives qui fonctionnent ; il semblerait qu'il faille à chaque fois réinventer l'eau chaude parce que leur eau chaude à eux n'est pas comme notre eau chaude à nous. Cette logique est contre-productive. Ce qui est certain, c'est que « tout dépend du contexte » et que donc l'approche devrait être « adoptée et adaptée ». Un autre problème tient au manque d'intégration et de holisme dans les initiatives d'urbanisme. Notre démarche en permaculture, comme je l'ai déjà fait remarquer, c'est de voir une ville comme un organisme : elle a des besoins, des produits et une complexité de fonctionnement à l'intérieur. Les organes de votre corps fonctionnent ensemble avec des systèmes de rétrocontrôle d'une sophistication extraordinaire, c'est là une bonne représentation de la gestion des villes. La phase de conception, dans le protocole permaculturel, nous aide à prendre en compte les rétroactions possibles d'une proposition. Il est très important que cette approche soit adoptée et intégrée dans vos systèmes de gouvernance des quartiers, des villages, etc.

Une problématique due à nos systèmes de gouvernance : les élus sont en poste pour une période définie et peuvent, par la suite, se faire déboulonner puis remplacer par des personnes d'une couleur politique opposée. Il se peut que ces dernières aillent défaire, changer ou arrêter les initiatives des gérant·e·s précédent·e·s, ce qui a tendance à rompre la continuité avec les démarches antérieures et l'évolution de la ville : un coup à droite, un coup à gauche, le tout sans aucune continuité avec l'initiative de départ. Une approche qui consiste à impliquer autant que possible tout le quartier dans la prise des décisions concernant son évolution peut aider à résoudre ce problème de manque de continuité.

Stratégies globales pour une ville permacole

Notre objectif sera de préserver ce qui marche bien, d'améliorer ce qui ne marche pas bien et d'éliminer ce qui est toxique ou polluant. Il faut aussi que les villes futures soient adaptées aux humains et que leur impact sur la Terre soit positif – le contraire d'aujourd'hui. Si nous voulons travailler avec la nature des humains, il est essentiel que les paramètres concernant la santé et le bien-être, psychologique et environnemental, fassent partie de toutes les initiatives de transformation d'une ville. Revenons sur l'axiome « tout dépend du contexte ». Les villes sont diverses en taille, en densité de population, en climat, en surface d'espaces verts, etc. Il faut donc répéter que la permaculture ne propose pas de solution du genre « pareil pour tous », mais une ingénierie accessible à tout le monde et utile en toutes circonstances et en toutes situations.

L'humain serait adapté à une densité de population avec un seuil de tolérance, et lorsque ce seuil serait dépassé, il y aurait malaise : un stress dû à la proximité d'inconnus, à une trop forte densité et à un niveau sonore élevé – selon moi, le seuil dépend aussi du contexte culturel, les individus des sociétés collectivistes étant plus à l'aise avec une grande population de proximité que les membres des sociétés individualistes[82]. Un individu va s'identifier de préférence à son « quartier » et à son groupe d'amis plutôt qu'à une ville et à sa grande population. Si nous sommes plus à l'aise avec les petits groupes sociaux, il est donc logique de restructurer une ville pour que ses habitants puissent vivre à une échelle plus adaptée psychologiquement à l'être humain. La vision permacole nécessite aussi de restructurer les quartiers pour qu'ils soient plus agréables à vivre et que les habitants soient fiers et contents de leur lieu de vie.

« En France métropolitaine, 4,8 millions de personnes vivent dans les 1 300 quartiers de la politique de la ville [donc en moyenne, 3 692 personnes par quartier]. La population de ces quartiers, par définition, est fréquemment touchée par la pauvreté. Les habitants sont plus jeunes qu'en moyenne dans la population urbaine. Il s'agit également plus souvent de familles nombreuses ou monoparentales ou d'étrangers. Au-delà de la pauvreté monétaire, la population des quartiers de la politique de la ville présente des fragilités dans plusieurs domaines. Notamment, elle s'insère difficilement sur le marché du travail et manque de formation et de qualification. Dans les quartiers de la politique de la

82. Robin I. Dunbar, art. cit.

ville, le logement social est très présent : 8 logements sociaux pour 10 ménages, soit trois fois plus que dans l'urbain englobant ces quartiers[83]. »

Nous avons deux pistes principales à suivre :

- Restructurer les villages et les communes rurales pour les rendre plus attractifs. Ceci peut encourager les habitants à y rester, mais aussi attirer ceux qui voudraient quitter les villes trop peuplées pour s'installer en milieu rural.
- Restructurer les villes pour qu'elles soient mieux adaptées aux gens et aient un impact positif sur la biosphère.

Les villages urbains

L'approche permacole consiste à utiliser ou créer des trames vertes (du végétal) et des trames bleues (des canaux, des rivières) : des parcs, des forêts, des lacs, etc., pour réorganiser l'environnement et créer ce que nous appelons les « villages urbains ». Une ville permacole sera un endroit dans un pays où la densité des villages sera beaucoup plus élevée qu'à la campagne. Cette approche aide à résoudre certaines problématiques des villes, comme leur taille et la densité de population.

Comment identifier un quartier, une ville

Identifier un « quartier », c'est repérer une partie de la ville qui se distingue par certaines caractéristiques ou par une certaine unité, et surtout qui est considérée par ses habitants comme « leur » quartier, ce qui ne correspond pas forcément aux quartiers de la politique de la ville en métropole. Il est souvent intéressant de faire un peu de recherches historiques pour mieux comprendre l'origine du quartier, par exemple savoir si c'était un village avant.

On peut procéder en plusieurs étapes :

- Dessiner sur un plan les bordures du quartier.
- Identifier les canaux, les parcs, les lacs, etc., qui se trouvent sur les bordures ou près d'elles.
- Identifier les endroits où il sera nécessaire de planter des arbres/arbustes ou de créer un lac (ou des zones piétonnes) afin d'étoffer la bordure.

À noter : l'idée n'est pas de créer des « murs de Berlin », l'objectif est surtout de donner aux habitants *l'impression* qu'ils vivent dans un lieu moins peuplé (ce qui ne sera pas le cas en réalité).

---

83. Auriane Renaud et François Sémécurbe, « Les habitants des quartiers de la politique de la ville – La pauvreté côtoie d'autres fragilités », division « Études territoriales », Psar Analyse urbaine, INSEE, mai 2016.

L'infrastructure du village urbain (à noter sur le plan du quartier)

Il faut pouvoir identifier :

- les espaces verts, les espaces bleus, les arbres et toutes les zones végétalisées, et les valoriser ;
- les zones dégradées ;
- les zones avec un grand manque de végétal ;
- les zones commerciales, d'habitation et de loisirs ;
- les voies les plus utilisées par les habitants ;
- les sources de tous les types de pollution (aérienne, sonore, visuelle) ;
- les zones où l'environnement construit a un impact négatif sur les individus.

Travailler avec les gens

Il est important de faire un sondage auprès du plus grand nombre possible d'habitants afin de comprendre leurs envies, leurs besoins, les ambitions qu'ils nourrissent pour leur quartier, leurs priorités, etc.

La conception (design) et sa planification de mise en œuvre sont au cœur de la permaculture. Le plus simple et le plus interactif est de construire une maquette du quartier. Une maquette est plus lisible pour les gens qu'un plan, surtout pour les plus jeunes. Dans l'idéal, la maquette sera assez grande pour être bien lisible (avec une échelle de 1/250, par exemple), et elle pourra être découpée en plusieurs pièces pour en faciliter le transport. La construction de la maquette est une phase importante pendant laquelle les gens du quartier pourront se sentir bien impliqués dans le processus. C'est amusant aussi !

La maquette construite, les résultats du sondage en main et l'équipe de concepteur·trice·s en place, vous pouvez entamer la conception[84] :

La maquette est une base pour entreprendre la conception. Commencez par déplacer les éléments qui se trouvent sur la maquette et ajoutez-y les éléments que vous jugerez utiles : chemins, arbres, forêts, lacs, étangs, etc. Vous pouvez également créer des zones piétonnes, réorganiser les flux des routes (instaurer un sens unique, par exemple). Vos priorités sont de préserver les éléments appréciés de tous, de réorganiser les éléments que vous voulez conserver, mais qui ne marchent pas très bien et d'éliminer tous les éléments qui ont un impact négatif sur la vie des habitants. N'oubliez pas que vous avez droit à un air propre, à un environnement dynamique mais calme, à la sécurité et à un quartier beau et salubre.

84 Pour en savoir plus, voir le chapitre « Comment créer une conception en permaculture », dans *Le Génie de la permaculture*, du même auteur (Terran, 2018).

Chapitre III

La « gentrification », l'« embourgeoisement » ou la « boboïsation »

La « boboïsation » est un phénomène malheureusement trop bien connu de ceux qui ont réhabilité leur quartier. Maintenant que le lieu est plus joli, qu'il y a moins de problèmes de toutes sortes, des personnes d'un milieu socioculturel plus élevé commencent à arriver. Leur venue fait augmenter les loyers et le prix de l'immobilier du quartier, et les habitants les moins favorisés se retrouvent obligés de quitter leur quartier.
Y a-t-il une solution, ou ce phénomène est-il inévitable ? Il est en partie inévitable, oui, mais nous avons le principe permacole adéquat : « Le problème est la solution. » Donc, que pouvons-nous faire pour que l'impact de nouvelles personnes arrivées dans un quartier soit un impact positif ? Une approche testée dans plusieurs villes consiste à organiser des événements et des réunions entre les habitants d'origine et les nouveaux venus afin d'intégrer ces derniers dans la vie et les activités du quartier. Principe permacole à retenir ici : « Le problème est la solution. »

D'autres approches sont possibles :

- Les personnes qui ont toujours rêvé de quitter la ville et de s'installer ailleurs existent. Si nous avons bien mis en valeur les villages et les hameaux en milieu rural, ces personnes peuvent quitter la ville pour trouver leur bonheur à la campagne. Cet exode aura pour effet de faire baisser la pression immobilière qui a fait monter les prix en ville et poussé les gens à vouloir changer de quartier. Encourager une migration des citadins vers la campagne et réduire la migration des campagnards vers les villes est au cœur de la reconstruction socio-écologique proposée dans ce livre.
- La commune peut s'engager à faire baisser les taxes d'habitations et les taxes foncières pour les personnes qui habitent le quartier depuis longtemps. Pareil pour les entreprises qui valorisent les produits locaux.
- La commune peut s'engager à créer plus de logements sociaux de bonne qualité. Il est bien possible de créer des habitations qui sont de basse consommation énergétique, ce qui va dire que les habitants vont dépenser moins d'argent à chauffer ou refroidir leurs habitats. Panneaux photovoltaïques et chauffe-eau

solaires peuvent réduire ces dépenses. Des telles installations peuvent être ajoutées aux bâtiments existants, l'essentiel étant de garder en tête que les nouveaux habitats doivent être jolis et plaire. Il est très important de changer les perceptions négatives que certaines personnes peuvent avoir des logements sociaux. Cette évolution indispensable des mentalités fait partie du changement de paradigme « Qui est riche, et qui est pauvre ? » proposé dans ce livre.

- Les dépenses des personnes à revenus modestes doivent être réduites. Plusieurs pistes sont explorées dans le chapitre I de la partie III. Ce travail implique aussi la mise en valeur d'une économie de proximité dans le quartier, comme expliqué dans la partie II « Les stratégies économiques permacoles ».

Comment agrader un quartier (ou un village rural)

C'est le principe du sac-poubelle : vous avez sans doute déjà vu un sac-poubelle abandonné, et lorsque vous repassez quelque temps plus tard au même endroit, cet unique sac est devenu un tas de sacs. Ce principe est comparable aux « effets en cascade » : il suffit parfois de très petites choses pour créer une cascade – dans cet exemple, une cascade « négative » –, mais ce que l'on ne dit pas assez, c'est que les cascades peuvent aussi être positives. Elles peuvent agrader ou dégrader.

Aux effets en cascade se rattache le concept de « point de bascule » : un système peut basculer vers une dégénérescence ou vers une régénérescence. Un de nos objectifs sera de trouver les points d'appui à utiliser pour faire basculer un quartier vers une régénérescence qui va engendrer des effets en cascade positifs. Les arbres et les espaces verts sont vraiment nos alliés dans ce travail. L'impact positif des arbres en ville est multiple[85] :

- réduction du niveau de délinquance et de criminalité[86],
- diminution du niveau de pollution[87],
- protection des trottoirs et des routes du soleil, du gel et de la pluie,
- réduction du niveau sonore[88],

85. « *Evidence of Benefits* », NHS Forest.
86. New York Restoration Project, « *A Greener New York Is a Safer New York* », NYRP, 2018.
87. Rob McDonald, « *Planting Healthy Air* », The Nature Conservancy, octobre 2016.
88. Roger S. Ulrich, « *Effects of Healthcare Environmental Design on Medical Outcomes* », Brikbase, juillet 2000.

- amélioration des résultats scolaires des élèves[89],
- réduction des périodes de convalescence[90],
- animation des quartiers de la ville[91],
- création d'emplois (arboriculteur·trice·s fruitier·ère·s, paysagistes, horticulteur·trice·s, etc.).

Créer une production

Avant de créer une production, il faut identifier les besoins auxquels la production devra répondre. Il faut également évaluer le bilan carbone du projet.

Pour rester neutre en carbone, on veille à ne pas dépasser un certain plafond d'émissions. Certains rejets considérés comme incompressibles en agriculture peuvent toutefois être compensés par des techniques de séquestration du carbone dans les sols et les arbres.

Prenons un exemple, imaginons que les habitants d'Albi souhaitent créer une production de pommes. Leur consommation annuelle moyenne est évaluée à 7 kilos par personne; Albi compte 49 024 habitants (en 2016). Il faudra donc 343 168 kilos de pommes par an pour satisfaire les besoins des habitants. Avec des pommiers M9, dits aussi « Paradis jaune de Metz », disposés à intervalles réguliers (d'environ 2,5 m) et qui produisent une moyenne de 33 kilos de pommes par an (entre 11 kilos et 56 kilos par an selon l'âge et la variété de l'arbre ; par exemple, un Golden Delicious sur M9 de 12 ans aura une production de 56 kg par an[92]), il nous faudra 10 399 arbres et environ 6 hectares de terrain plus les chemins d'accès – voir le visuel 4 du cahier couleurs.

Le fonctionnement de villages urbains suivant les principes de l'agroforesterie sera semblable en de nombreux points au fonctionnement des villages permacoles en milieu rural.
Je vais commencer par la production de la nourriture en milieu urbain. Ce n'est pas aussi simple que ce que prétendent les auteur·trice·s de plusieurs livres sur le sujet, mais c'est désormais possible – voir les visuels 5 et 6 du cahier couleurs. Cela dit, rares sont les villes où il y a assez de place pour des

89. Ming Kuo, *et al.*, « *Might School Performance Grow on Trees? Examining the Link Between "Greenness" and Academic Achievement in Urban, High-Poverty Schools* », *Frontiers in Psychology*, septembre 2018.
90. Roger S. Ulrich, « *View Through a Window May Influence Recovery From Surgery* », *Science*, n° 224, avril 1984.
91. Richard Coles, *et al.*, « *Urban Forest Landscapes in the UK – Progressing The Social Agenda* », *Landscape and Urban Planning*, n° 52, décembre 2000.
92. Shichiro Tsuchiya, « *Dwarfing Rootstocks of Apple* », Division of Fruit Breeding, Fruit Tree Research Station.

cultures qui nourriraient toute la population. Il faut donc d'autres stratégies. Principalement, réorganiser les fermes situées aux alentours des villes pour qu'elles produisent directement pour les villes. C'était la stratégie que nous avions utilisée à Londres : j'étais en contact avec une ferme pas loin du quartier, et cette ferme livrait chez moi les fruits et légumes dont nous avions tous besoin. Comme j'achetais en grande quantité et que je n'ajoutais pas de marge, ces fruits et légumes bio étaient beaucoup moins chers que ceux que nous achetions d'habitude. C'était une stratégie assez intéressante, car quand j'ai quitté le quartier pour commencer à produire à la ferme, le système des paniers – donc mon marché – était déjà en place.

La production en ville ne se réduit pas non plus seulement à la production de fruits et légumes, impression pourtant donnée par plusieurs livres sur le sujet. L'élevage, la pisciculture, la production micro-industrielle, etc., y ont leur place aussi ; ces productions seront abordées ensuite.

Maintenant, abordons la manière de produire en ville des fruits et légumes !

Produire dans ma commune

Pour étudier notre environnement, préalable de toute production, nous allons devoir nous plier à plusieurs exigences.

- Nous renseigner sur ce qui pousse déjà ici et est comestible. Nous allons nous intéresser par exemple aux arbres et arbustes fruitiers. Nous allons sans doute remarquer quelques plantes comestibles aussi, mais il y a des chiens partout en ville et donc il sera difficile d'encourager leur consommation (elles peuvent être souillées).
- Identifier tous les endroits qui peuvent être utilisés pour cultiver : toits, balcons, gazons, trottoirs, zones pavées, péniches – voir les photographies du cahier couleurs, etc.
- Trouver des personnes qui veulent cultiver et produire à manger pour le quartier.
- Trouver des personnes qui veulent acheter ou acceptent d'échanger pour avoir accès à la future production.
- Organiser des chantiers participatifs pour aider à la mise en place des bacs, des plates-bandes, des composts, etc.
- Concevoir les flux, c'est-à-dire réfléchir à la manière dont les gens auront accès à la production et à celle dont ils pourront ramener les déchets de leurs légumes, etc., pour créer des cycles de fertilité.

Synthèse

- Un bon point de départ pour faire l'analyse permacole d'une ville revient à vous poser les questions suivantes : Qu'est-ce qui fonctionne bien ? Qu'est-ce qui ne fonctionne pas de façon optimale, mais peut être amélioré ? Qu'est-ce qui est toxique et doit être éliminé ?
- Cette analyse doit prendre en compte l'histoire et les origines de la ville ou du quartier, sa démographie, son impact sur l'environnement et les humains, son système de gouvernance, etc.
- Commencez par mettre au point des stratégies globales pour la ville et votre quartier avant de travailler sur les détails.
- Sur un plan ou sur une maquette, identifiez les limites de la zone analysée.
- Démarquez sur le plan ou la maquette toutes les infrastructures bâties du quartier.
- N'oubliez pas d'intégrer, autant que possible, les habitant·e·s dans le processus.
- Vous allez rendre vos quartiers très attirants, il faut donc prévoir des astuces pour faire face à la gentrification à venir du lieu.
- Identifiez les types de production, comment et où les installer.

Partie V

Les types et les stratégies globales de culture et de production urbaine

D'abord, il faut faire des recherches pour voir si tel ou tel endroit peut être contaminé (métaux lourds, etc.). L'histoire du lieu peut nous donner des indices ; nous pouvons aussi demander aux universités si leurs étudiants veulent faire des analyses du sol en guise d'exercices pratiques ! Si le sol n'est pas contaminé, il sera possible de l'utiliser pour la culture de légumes.

Si la surface à laquelle on s'intéresse est entièrement pavée, il sera possible de monter quelques-uns des pavés à la verticale afin de créer un lit légèrement surélevé. C'est faisable avec le type de pavés que l'on voit sur la photographie 8 du cahier couleurs, mais aussi avec des pavés plus grands. Il s'agit de surélever les pavés, de les entourer avec des sangles et, par la suite, de remplir l'espace ainsi créé avec de la terre – voir la photographie 9 du cahier couleurs.

Vous pouvez aussi utiliser des pneus bien lavés : commencez par un pneu rempli de terre dans lequel vous planterez une pomme de terre. Nous ajouterons des pneus au fur et à mesure que la plante poussera, en les recouvrant chaque fois de terre. Quatre ou cinq pneus suffiront normalement. Quand la plante aura fini son travail, nous démonterons la tour qui sera remplie de pommes de terre. La photographie 9 du cahier couleurs illustre parfaitement le principe permacole selon lequel « tout dépend du contexte ». Ces tours se trouvent en Tunisie, et elles sont placées en plein soleil : la stratégie n'a pas bien marché à cause de la chaleur et de l'énorme surface d'évaporation. Cependant, le jardin en trou de serrure est une stratégie pour gagner de la place – voir les visuels 10 et 11 du cahier couleurs. Il ne sera pas possible de parler de ce genre de stratégies sans évoquer la fameuse spirale de plantes aromatiques si longtemps associée à la permaculture – voir l'illustration 12 du cahier couleurs. Faite de briques, de pierres, de bois, de perches en fer (voir la photographie 13 du cahier couleurs), l'idée est de créer plus de surface cultivable et différents microclimats.

Chapitre I
Comment et où cultiver en ville ?

Il faut utiliser la terre qui se trouve déjà sur place, si elle n'est pas contaminée – voir les photographies 14, 15, 16, 17, 18, 19 et 20 du cahier couleurs pour vous inspirer. Elle doit être amendée avec du compost et du biochar. Le biochar est un charbon fait de bois ou d'autres types de matières, comme la paille, utilisé en pulvérisations pour recarboniser un sol. Il augmente aussi la capacité du sol à retenir l'humidité. J'ai utilisé parfois la terre extraite de sites de construction.

Pour cultiver sur un balcon ou sur un toit, un critère important, c'est le poids ! La plupart des personnes qui cultivent sur des balcons ou des toits utilisent des mélanges sans terre, et c'est judicieux. Malheureusement, trop souvent elles utilisent de la tourbe (sphaigne) – et détruisent les tourbières – ou la vermiculite et la perlite – qui viennent d'autres pays. Un bon substrat peut être réalisé avec deux parts de compost, deux parts d'écorce de pin compostée ou de bois raméal fragmenté[93], et du biochar qui va représenter entre 10 et 15 % de la masse totale.

Comment maintenir la fertilité d'un jardin

Peu importe le substrat, il faut accorder beaucoup d'attention à sa fertilité. En permaculture, nous avons un principe qui veut qu'« on ne récolte que le soleil et l'eau ». En d'autres termes, on crée des cycles, et tout ce qui n'est pas utilisé doit retourner à la terre. On peut satisfaire ce principe par le biais d'un compostage classique ou par lombricompostage. Parfois, les gens déposent dans leur jardin des déchets végétaux non compostés. Ça peut marcher, sauf sous un climat trop chaud ou en présence de renards, de rats ou de chiens, qui vont être attirés par la ressource.

L'urine

Dans l'idéal, elle provient de personnes qui ne prennent pas de médicaments, et surtout pas d'antibiotiques. L'azote, le phosphate et la potasse issus de l'urine sont assimilables par les plantes. On peut les arroser à la base d'un bon

93. À noter : si l'on utilise du bois raméal fragmenté, il faut soit cultiver d'abord les plantes pour qu'elles puissent fixer l'azote soit ajouter de la matière azotée dans les plantations.

mélange composé d'une part d'urine et de dix parts d'eau. Les feuilles peuvent être pulvérisées avec une dilution à 1/20. Ne pas stocker l'urine, elle devient très vite malodorante à cause de la perte d'urée sous forme d'ammoniaque.

L'urine plus des cendres

Une étude réalisée par Surendra Pradhan et ses collègues[94] a cherché à évaluer l'utilisation de l'urine humaine et de la cendre de bois comme engrais sur la culture des tomates en serre. Les plants arrosés avec une dilution d'urine produisaient 4 fois plus de tomates que des plants simplement arrosés avec de l'eau (non fertilisés donc). Ils ont essayé un mélange d'urine et de cendres de bois (je vous conseille de mélanger 10 litres d'eau à une poignée de cendres), avec un résultat presque similaire à l'utilisation de l'urine. Les résultats suggèrent que l'urine, avec ou sans cendre de bois, peut être utilisée comme substitut d'engrais minéral pour augmenter les rendements de la tomate sans poser de risques microbiens ou chimiques.

Les cendres contiennent de la potasse, qui est un engrais essentiel aux plantes pour de bonnes floraisons et fructifications. Cependant, les cendres rendent les sols acides plus basiques – un sol acide peut être dû à une carence en potasse. Il est à noter que le pH idéal pour la majeure partie des plantes cultivées doit se situer aux alentours de 6,5. Attention cependant, car certaines variétés, comme les framboisiers et certains arbres fruitiers, préfèrent un sol légèrement acide. Ainsi, si vous avez un sol basique, n'utilisez pas de cendres, mais uniquement de l'urine.

Le thé de compost

Il faut 10 litres d'eau et une pompe-aérateur comme celles utilisées pour les aquariums. Glisser le tuyau de sortie de la pompe au fond du seau. Remplir le seau à moitié avec du compost mature. Remplir le seau avec de l'eau que vous aurez laissée au soleil pendant quelques heures pour que le chlore que contient l'eau de ville s'évapore. Ajouter environ 25 grammes de mélasse et bien mélanger. Démarrer la pompe et laisser tourner pendant deux ou trois jours, mélanger le tout une fois par jour pour que le compost reste en suspension. Si jamais le mélange commence à avoir une odeur autre que celle d'un terreau, il faut tout jeter sur un compost et recommencer. À la fin de la fermentation, filtrer le liquide dans un autre seau à travers un tissu. Le résidu solide peut retourner au compost, ou vous pouvez l'étaler dans le jardin. Utiliser directement au pied des plantes et/ou pulvériser sur le feuillage.

---

94. Surendra K. Pradhan, *et al.*, « *Stored Human Urine Supplemented with Wood Ash as Fertilizer in Tomato (Solanum lycopersicum) Cultivation and Its Impacts on Fruit Yield and Quality* », *J. Agric. Food Chem.*, n° 57, 2009.

Le compostage

Je parle ici de compostage à chaud, donc d'une fermentation aérobie. Les techniques de compostage sont expliquées dans le livre *Le Génie de la permaculture*[95]. Je vais ici juste parler de quelques mises en garde. Les bacs pour le compostage doivent laisser passer l'air, mais ni les souris ni les rats ! Il faut bien gérer le tas de compost et assurer une relation correcte entre la matière azotée et la matière carbonée, et il est nécessaire de retourner régulièrement le tas. Ces principes étant respectés, le tas ne dégagera pas d'odeur désagréable.

Le lombricompostage

Il faut une boîte étanche[96], mais percée au fond et sur les côtés. Elle sera posée sur une autre boîte étanche qui peut être munie d'un petit robinet. Déchirer des pages d'un journal, de préférence sans encre de couleur, et tremper le papier dans de l'eau. Égoutter le papier pour qu'il soit mouillé sans dégouliner et en recouvrir le fond de la première boîte. Se procurer des vers de terre (vers de fumier, ou *Eisenia fetida*). Vous pouvez les acheter ou placer des feuilles de carton mouillées par terre, dans des coins sombres : il se peut qu'ils aillent s'abriter en dessous. Quand les vers sont dans la boîte, les alimenter avec vos déchets de cuisine coupés en petits morceaux.

Le bois raméal fragmenté

Le bois raméal fragmenté (BRF) est constitué de morceaux de branches et de rameaux (principalement d'arbres à feuilles caduques) de moins de 7 cm broyés. Ces parties de l'arbre sont les plus riches en minéraux, en acides aminés, en protéines, etc. Le BRF peut être utilisé pour recouvrir la surface du sol, ou il peut même être incorporé au sol. L'élagage des arbres, en ville, fournit souvent une partie du bois qui sera transformé en BRF. Il faut noter toutefois qu'une partie de la décomposition du BRF peut avoir besoin de plus d'azote que ce qui se trouve déjà dans le bois, et causer une « faim d'azote ». Il est donc nécessaire de faire suivre l'application de BRF d'une culture de légumineuses.

Le biochar

À proprement parler, ce n'est pas en soi une source de fertilité, mais le biochar augmente la capacité du sol à retenir l'humidité qui sera par la suite disponible pour les plantes. Une pratique répandue consiste à faire tremper le biochar dans un thé de compost ou dans une dilution d'urine avant de l'étaler sur le sol. Le biochar est fabriqué par la pyrolyse de biomasse. Comme nous l'avons

95. Steve Read, *op. cit.*, Terran, 2018.
96. Pour une ou deux personnes, il faut une boîte d'environ 60 × 60 × 30 cm. Pour quatre à six personnes, une boîte de 90 × 60 × 30 cm.

fait remarquer précédemment, l'élagage est fréquent en ville, et les branches de plus de 7 cm peuvent être pyrolysées pour produire du biochar. Elles sont broyées en petits morceaux puis pulvérisées ou appliquées sur les sols. Si dans votre quartier, il y a beaucoup de bois disponible, il est donc possible d'en transformer une partie en biochar et une autre en charbon de bois que vous pourrez vendre aux personnes qui aiment bien les barbecues.

Le sang et les os

Vendus sous forme de poudre, le sang et les os sont des sous-produits des abattoirs. Le sang est riche en azote et la poudre des os est source de calcium et phosphore, bénéfiques pour les plantes.

Le fumier

Autre produit secondaire de l'élevage, la ressource est utilisée depuis longtemps pour augmenter la fertilité des jardins.

Les feuilles

Les feuilles contiennent quelques minéraux, certains sucres, mais surtout pas mal de lignines. Elles sont donc un amendement intéressant pour le sol, et aussi une source de fertilité. Elles ne sont pas toutes égales, les feuilles de noisetier se décomposent assez vite, d'autres (comme les feuilles des platanes) peuvent mettre quelques années. La meilleure approche est de les déchiqueter et de les utiliser comme s'il s'agissait d'un mulch (paillis) sur la surface des jardins.

La tonte de gazon

Encore une fois, les tontes ne sont pas toutes les mêmes, mais en moyenne elles contiennent 4 % d'azote, 1 % de phosphore et 2 % de potasse, et un rapport carbone/azote d'environ 20/1. Incorporée dans un tas de compost, elle peut accélérer le processus de compostage. Vous pouvez l'utiliser directement comme s'il s'agissait d'un mulch (paillis) dans le jardin. Cela dit, si vous en mettez trop, le tas va chauffer et endommager les plantes ; de plus, une couche épaisse peut faire barrière à la pluie, et le sol restera sec en dessous – ce qui n'est pas souhaitable.

L'aquaponie

En circuit « fermé », les plantes sont irriguées avec les eaux enrichies par les déjections des poissons élevés à côté. Les plantes poussent sur un substrat fait, par exemple, à partir de billes d'argile. Dans ces billes se trouvent les bactéries qui contribueront à transformer l'ammoniaque des déjections des poissons en nitrates assimilables par les plantes. L'eau ainsi épurée retournera dans l'aquarium. Nous trouvons ce type de systèmes installé dans des conteneurs, dans des parkings souterrains qui ne sont plus utilisés. La fertilité des plantes est assurée par les déjections des poissons. Évidemment, il faut alimenter les poissons : ils ont besoin d'un mélange d'hydrates de carbone, de graisses, de vitamines, de minéraux et de protéines. L'installation et l'entretien de ces systèmes sont assez techniques. Il existe des stages et des livres sur le sujet : ils seront, sans aucun doute, une étape essentielle pour quelqu'un qui veut se lancer dans l'aquaponie.

Les toilettes sèches

Certains pensent que les toilettes sèches sont une bonne idée en ville, que la matière fécale bien compostée est une source de fertilité, pas forcément pour les jardins, mais pour les arbustes et les arbres. À mon avis, ces personnes n'ont pas fait tous les calculs nécessaires, et ce n'est pas notre approche en permaculture. Un système de toilettes sèches fonctionne en boucle, les fruits et légumes sont mangés, les selles récupérées puis compostées. Ce compost est ensuite utilisé pour la production maraîchère. Il y a deux énormes difficultés avec cette approche en milieu urbain : la mauvaise gestion du compostage et les quantités de matière à gérer. Si le compostage n'est pas bien effectué, le tas ne deviendra pas assez chaud pour tuer les pathogènes présents dans les selles. Le second problème est encore plus compliqué : une production varie entre 100 grammes et 700 grammes par individu selon la masse et l'alimentation du sujet. Si nous considérons 400 g par personne, multipliés par le nombre moyen de personnes dans un quartier (3 692), ça nous donne le chiffre de presque 1,5 t de selles par jour, donc 540 tonnes de selles par an : une grande quantité à transporter et à composter chaque jour. Une analyse des selles nous montre par ailleurs qu'elles sont composées de nombreux éléments, mais principalement d'eau (environ 75 %). Si nous pouvions fabriquer des toilettes « desséchantes » plutôt que sèches, nous pourrions réduire la quantité de matière de trois quarts. Les pathogènes sont morts dans la matière sèche, et nous pourrions utiliser cette dernière comme engrais dans les jardins.

Chapitre II
La culture sur toit

La culture sur toit est une approche exagérément présentée comme *la* solution à la production agricole en ville – voir les photographies 21 et 22, créations de l'auteur sur le toit d'une école à Londres en 1990. Elle présente toutefois de nombreuses contraintes, puisqu'il faut :

- des toits plats, ce qui est rare dans de nombreux quartiers ;
- des toits avec une capacité de charge adéquate ;
- des toits faciles d'accès qui permettent d'effectuer toutes les tâches nécessaires en sécurité ;
- des toits étanches, ce qui est parfois difficile à assurer.

Malgré cela, il est tout à fait possible de produire ainsi, comme l'ont montré de nombreuses fermes installées sur des toits. Une fois trouvé un toit plat et facile d'accès, on respectera certaines consignes.

- La capacité de portance du toit devra être vérifiée par un architecte.
- L'étanchéité du toit devra être protégée par l'utilisation de géomatelas.
- Les bacs de culture seront fabriqués en bois, et leur profondeur sera en relation avec la capacité de portance du toit.
- Le toit sera déjà équipé de drains, et on installera des filtres pour empêcher que des débris quelconques ne les bouchent.
- Les cultures seront protégées du vent (« plus haut » veut dire souvent « plus de vent ») ; une astuce sera d'utiliser des supports verticaux, pour faire grimper des plantes, résistants au vent qui créeront une barrière de protection perméable pour les autres cultures et les ruches.
- L'irrigation par goutte-à-goutte est la plus simple.

Native
Garden

Chapitre III
Les autres types de production

Pendant longtemps, l'hypothèse dominante concernant l'origine des villes tournait autour de l'idée selon laquelle les humains se seraient regroupés en villes afin de se défendre contre le pillage et les invasions. Cette hypothèse fut remplacée par l'idée que certaines activités artisanales avaient besoin de plusieurs filières de production. Par exemple, la production de cordages et de voiles nécessite la culture de plantes à fibres, la transformation de ces plantes en fibres, le tissage des fibres en cordes ou en tissus et, par la suite, la transformation des tissus en voiles. Il semble qu'à un moment donné, nous avons décidé de regrouper ces activités. Plus tard, à cause des invasions et des pillages, les protovilles sont devenues des villes fortifiées.
Les villes d'aujourd'hui sont au cœur du fonctionnement des économies modernes qui comptent pour 80 % du PIB mondial. Elles consomment 60 à 80 % de l'énergie et produisent 70 % des gaz à effet de serre[97]. Une analyse permacole va nous montrer quelles activités préserver et quelles activités éliminer. Il y a des activités qui ont besoin d'une certaine densité de population, les cités universitaires par exemple. L'ingénierie de la permaculture peut nous aider à adapter les activités qui sont à préserver afin que leur impact sur l'environnement et sur les humains soit positif. Celles qui sont uniquement destructrices doivent cesser, et ce n'est pas un souci parce qu'en même temps, nous encourageons le développement d'autres types d'activité et l'économie de proximité.

L'élevage en ville

J'ai déjà parlé des poissons; l'élevage d'autres animaux en ville (moutons, chèvres, poules, lapins, etc.) est également une pratique courante dans de nombreux pays, et cette pratique est en train de revenir en France. Notons qu'un système permacole peut être végétarien (ou même végétalien) sans nous empêcher d'élever des animaux domestiques que nous ne mangerons pas. Il sera très difficile de convertir tout le monde au végétarisme; en revanche, nous pouvons encourager chacun à manger moins, mais des produits de meilleure qualité et à produire localement. Les moutons et les chèvres ont aussi un rôle à jouer en ville en remplacement des tondeuses et débroussailleuses pour l'entretien des espaces verts. Sans compter le bonheur simple que procure le

97. The World Bank, « *Urban Development – Context, Strategy, Results* », avril 2020.

passage d'animaux auprès des citadins– voir la photographie 23 de l'auteur dans le cahier couleurs !
L'apiculture en ville est relativement facile, les ruches peuvent être accrochées sur des murs ou être installées sur les toits. L'important est que ni les humains ni les abeilles ne soient en danger durant leurs trajets.
Bien que la pollution soit nuisible à la santé des abeilles, ces dernières sont plus productives en ville. En effet, en ayant accès à une plus grande diversité d'aliments et en étant moins au contact des pesticides, les abeilles survivent mieux aux hivers que leurs cousines en milieu rural. Par exemple, l'apiculture à Paris a une longue histoire, puisqu'un rucher-école est présent dans le jardin de Luxembourg depuis 1856.

La production micro-industrielle

Une expression souvent utilisée pour décrire la production micro-industrielle est celle des « écosystèmes industriels ». Cette approche, comme nous l'avons vu, a pour objectif d'organiser certaines activités industrielles de manière à ce que les produits secondaires qu'elles créent deviennent, au moins en partie, les ressources d'une autre activité. La plupart du temps, ce type d'organisation ne s'occupe toutefois que des installations de production suffisamment importantes en taille. L'approche est semblable à celle de l'ingénierie permacole : organisation des flux, relations et liens d'interdépendance. Elle s'en diffère dans la mesure où la permaculture insiste sur l'importance de la gestion des ressources et des productions locales : notre approche consiste plutôt à voir comment la production de biens et de services locaux peut être organisée au mieux. Pour revenir sur ces notions, lire ou relire « Écosystèmes de production et réseaux d'interdépendance ».

Synthèse

- Vérifiez que le sol n'est pas contaminé par des métaux lourds.
- Attention aux chiens ! Trouvez des stratégies pour empêcher que vos jardins ne deviennent leurs toilettes.
- Trouvez des stratégies pour utiliser les surfaces disponibles, les murs, les balcons, les toits, etc.
- Mettez en place des cycles de fertilité de vos zones de cultures, en ayant recours à un bon système de compostage par exemple.
- N'oubliez pas que l'élevage est possible et a une longue histoire en ville. Même si vous ne voulez pas manger les animaux que vous élevez, leur présence apporte des bénéfices et leur fumier sera utile dans vos jardins.
- Si vous voulez cultiver sur un toit, faites venir un spécialiste pour calculer la capacité de portance du toit.
- Nous avons besoin de manger mais pas seulement. Tout le monde ne peut/veut pas être jardinier·ère, faites un bilan des compétences, prenez en compte les besoins de votre village urbain.
- Produisez le plus possible par vous-même mais n'oubliez pas qu'il sera très difficile de produire tout ce dont vous avez besoin. Créez des liens avec des partenaires, par exemple avec une ferme.

EXPO ARTISANALE
Chanas Croisières
Billetterie

Partie VI

La permaculture rurale, territoriale, multiterritoriale

Ma commune rurale

Comme je l'ai indiqué précédemment, les stratégies utiles à la reconstruction et permettant de redonner vie aux villages et aux hameaux sont plus ou moins les mêmes que celles que nous pouvons utiliser pour la restructuration d'un quartier en village urbain.

Il nous sera utile, dans un premier temps, de nous demander pourquoi tant de personnes quittent la campagne pour s'installer en ville. Le chercheur Everett S. Lee a élucidé la question et propose une liste de plusieurs facteurs qui poussent les gens à partir : le peu de travail et de débouchés, des conditions de vie défavorables, la désertification, la famine ou les sécheresses, les persécutions ou les menaces de l'État, l'esclavage ou le travail forcé, les menaces de mort, l'aspiration à plus de liberté politique ou religieuse, la pollution, le mal-logement, les conflits entre propriétaires et locataires, le harcèlement, le type de personnalité, les discriminations, la difficulté à trouver un·e conjoint·e, le délaissement des terres polluées ou irradiées (radon), les guerres[98].

Je me permets d'ajouter à cette liste les projets de construction d'infrastructures soutenus par l'État : les routes, les barrages, etc.

L'urbanisation est aussi parfois vue par les gouvernements comme une solution notamment au chômage dans les zones rurales. J'ai travaillé en Turquie dans un village quasiment abandonné, que les gens avaient quitté pour s'installer en ville suivant les conseils des agents du gouvernement. La désertification est l'une des nombreuses conséquences de la dégradation de l'environnement et du climat. Les bouleversements climatiques actuels rendent la vie de plus en plus difficile pour beaucoup, et ils sont une cause majeure des migrations d'aujourd'hui. Une autre cause importante de migration est l'accaparement des terres par les multinationales et les gouvernements. On estime qu'entre 2000 et 2010, plus de 202 millions d'hectares ont été ainsi acquis en Afrique, en Asie, en Amérique latine et aux Caraïbes[99]. Parfois – et trop souvent –, les habitants sont donc expulsés de chez eux par des agents du gouvernement.

La question n'est pas en réalité de savoir comment transformer les villes pour qu'elles puissent accueillir de nouveaux venus, il s'agit ici plutôt de réfléchir à la manière de rendre les zones rurales plus attractives afin que les populations y restent et que d'autres, éventuellement, quittent les villes pour s'y installer – sans y créer toutefois des cités-dortoirs.

Les tout premiers éléments de la liste proposée par Everest Lee – le manque de travail et de débouchés – sont des sujets abordés plus en détail dans la partie II sur l'économie de proximité chère à la permaculture. En général, l'approche économique permacole est la même pour les quartiers en ville et pour les communes rurales. Il y a cependant une chose à bien garder en tête.

98. Everett S. Lee, « *A Theory of Migration* », *Demography*, n° 1, 1966.
99. Nafeez Ahmed, « *World Bank and UN Carbon Offset Scheme "Complicit" in Genocidal Land Grabs – NGOs* », *The Guardian*, juillet 2014.

J'ai déjà expliqué que plus de 80 % du PIB global est créé par les villes et que celles-ci consomment 60 à 80 % de l'énergie utilisée par les humains. Ceci explique pourquoi les gouvernements ont tendance à promouvoir l'urbanisation et à négliger les zones rurales. Le lien entre urbanisation et croissance économique est, pour de nombreux chercheurs et de nombreux gouvernements, très étroit. L'un ne va pas sans l'autre. La preuve ? Les pays qui ont réussi à atteindre des niveaux de revenus moyens de 10 000 dollars avant d'avoir dépassé un niveau d'urbanisation de 60 %[100] sont très peu nombreux.

Ce lien était peut-être indissociable du type de croissance économique que nous avons connu depuis la révolution industrielle, mais il nous a menés à la situation actuelle : un monde pollué, dégradé et au bord de l'épuisement pour ce qui est de nombreuses ressources. La proposition de ne plus considérer la santé économique d'un État ou d'une commune à travers le prisme du PIB (national/mondial) pour axer préférentiellement toute l'attention sur le local est, comme nous l'avons déjà vu, un changement de paradigme pour chacun d'entre nous et pour les gouvernements.

Le mythe vendu depuis tant d'années d'une croissance continuelle des revenus des citoyens n'est que ça : un mythe, un fantasme. Si nous arrivons tous à changer notre regard, nous pourrons comprendre que le futur, ce sont les économies de proximité des approches permacoles, dynamiques et stationnaires à la fois (ni en croissance ni en décroissance, mais relativement stables).

J'aimerais revenir sur l'importance des liens d'interdépendance entre ces économies, ces liens si importants pour une stabilité sociale dynamique et le respect d'autrui. La diversité est essentielle, j'en veux pour preuve la multitude des espèces ou la diversité génétique de chaque espèce.

L'une des grandes difficultés que nous avons, c'est l'image véhiculée par les publicités, les films, etc., selon laquelle les villes sont des endroits excitants et stimulants, pleins de vie et d'activités. Par conséquent, les zones rurales ne peuvent être que le contraire… pleines de rustres, de pecnots, de ploucs, etc., comme l'avait déjà constaté Jean de La Bruyère (1645-1696) dans ses *Caractères*, avec « De l'homme » :

> « L'on voit certains animaux farouches, des mâles et des femelles,
> répandus par la campagne, noirs, livides, et tout brûlés du soleil,
> attachés à la terre qu'ils fouillent et qu'ils remuent
> avec une opiniâtreté invincible ; ils ont comme une voix articulée,
> et quand ils se lèvent sur leurs pieds, ils montrent
> une face humaine, et en effet ils sont des hommes. »

100. Michael Spence, *et al.*, « *Urbanization and Growth: Commission on Growth and Development* », Banque mondiale, 2009.

Il est vrai que l'abandon des zones rurales raréfie les services et les divertissements. Ces endroits sont bien pour les vacances, mais trop ennuyeux pour y vivre. Un tel avis rend invisible la vie associative parfois très riche de certains recoins, il ignore aussi la vie culturelle de zones rurales souvent très actives. Je parle souvent à ce propos de la « force attractive » : il est plus efficace d'attirer les gens vers quelque chose que de les y contraindre. Les moyens nécessaires pour stimuler une croissance socioculturelle et les économies de proximité sont aussi divers que les terroirs de France.

La méthode décrite pour le développement des villages urbains peut vous être utile dans votre village ou votre commune. Vous pouvez également inventer votre propre protocole.

Même si les pouvoirs des maires et des conseils municipaux s'amoindrissent, ils ont évidemment un rôle à jouer dans l'évolution du village et de la commune. Cela dit, face à l'urgence – il faut agir aujourd'hui –, il est primordial d'intensifier les actions citoyennes sans attendre que ces gérants cessent de traîner des pieds. Il est important de ne pas toujours compter sur « les autres » en espérant que « quelqu'un agisse » : c'est la responsabilité de chacun de le faire !

La politique d'une mairie donne une certaine « ambiance » à la commune, qui peut attirer comme repousser les gens. Il me semble évident que le rôle d'une mairie n'est pas de regarder, impassible, sa commune se désertifier, mais d'agir. Les astuces et les outils d'ingénierie proposés et expliqués dans ce livre sont là pour aider les mairies à rendre leurs communes plus attractives. J'espère avoir montré que nous pouvons vivre mieux, en meilleure santé, avec un accès à une meilleure qualité de biens et de services en même temps que nous pouvons extraire de la commune les causes des crises d'aujourd'hui. Une commune peut être saine, sans plastique, avec un bon accès au travail et une économie de proximité qui fonctionne bien. Une commune avec un bilan carbone négatif, zéro déchet, équitable, sans pollution, n'est ni un rêve ni une utopie, mais quelque chose de possible et qui ne demande que notre engagement, quelques idées et un peu de créativité.

Il existe en ce moment un véritable mouvement des jeunes vers leurs villages d'origine et leurs patelins d'enfance. Ils sont en train de se réapproprier la vie de campagnards de leurs parents ou de leurs grands-parents. Il se peut que cette migration soit provoquée par le stress de devoir affronter chaque jour de mauvaises nouvelles sur l'état de la planète. Retourner à ses racines et retrouver le « connu » est peut-être la solution qu'ils ont décidé d'adopter. Nous pouvons noter aussi que davantage de personnes s'intéressent aux métiers peu ou pas du tout valorisés par l'Éducation nationale, comme la forge, la charpenterie, le maraîchage, la vannerie, etc. Je me suis mis pour ma part au tournage sur bois, et j'utilise un tour à perche, sorte de tour à bois très ancien. Son utilisation provoque beaucoup de curiosité chez les gens, et mes minicours d'initiation à ce tour sont très populaires. Traditionnellement, ce tour est utilisé pour fabriquer les chaises et les tabourets. Pour que le tournage revienne comme un vrai métier, il faut, encore une fois, ce changement de paradigme dont j'ai parlé, donc chercher une meilleure qualité de biens. Avec ce type de tour, un·e tourneur·euse qui travaille bien peut fabriquer, disons, cinq chaises par semaine. Il·elle est donc obligé·e de vendre ses chaises bien plus cher que celles produites par une multinationale et vendues en paquets plats. « Achète pas cher, achète deux fois », ne l'oublions pas : il est peu probable que vous puissiez laisser à vos héritiers l'une de ces chaises en bon état. Ce n'est pas le cas des chaises fabriquées à la main avec un tour à perche, dont la durabilité centenaire n'est plus à prouver.

Le territoire (regroupement de communes)

Maintenant que nous avons vu comment nous installer dans une commune bien conçue, nous pouvons passer à la prochaine étape : la gouvernance d'un territoire comprenant plusieurs communes. Il y aura beaucoup moins de décisions à prendre que dans le cas de la commune, mais les forêts et les cours d'eau, par exemple, sont partagés, et un incendie survenu dans une forêt ne respecte pas les limites des communes. Les activités d'une commune en amont d'une rivière peuvent provoquer des crues et des inondations chez des voisins en aval. Leur gestion collective est donc nécessaire.

L'approche suivante aide pour une bonne gestion du territoire :

- Identifier le territoire en s'attachant à deux aspects, un terroir identifiable et l'identification des habitants à « leur » terroir.
- Discuter de la meilleure gouvernance ou de la meilleure manière de prendre les décisions avec l'ensemble des communes.
- Décider de la portée de cette gouvernance multicommunale et des points qu'il faudra gérer ensemble.
- Organiser des rencontres festives intercommunales.
- Organiser des chantiers participatifs intercommunaux.

Il sera important de créer un système de vérification et d'équilibrage pour s'assurer que la gouvernance reste décentralisée. Si de plus en plus de contrôle doit se faire à l'échelon multicommunal, l'efficacité du système va diminuer.
Nous pouvons parler de la gestion holistique (prise en compte de la globalité d'un système : les particuliers, leurs flux, leurs interactions et leurs rétroactions) du paysage et des ressources. Il est essentiel que nous nous éloignions du *statu quo* « chacun pour soi » qui nous fait monter un projet, une entreprise, une activité, etc., sans prendre en compte les externalités négatives potentielles de ce projet ou de cette activité. Il est plus judicieux et plus efficace de discuter un projet avec tous les membres de la commune avant de se lancer. La même chose est vraie pour l'organisation multicommunale, l'impact d'un projet peut être positif pour ma commune, mais négatif pour les autres communes

de l'ensemble. Peut-être le meilleur exemple de cette concertation nécessaire reste-t-il notre gestion de l'eau – qui, franchement, est une farce pas drôle. De nombreux pays se lancent dans la construction de barrages hydroélectriques ou dans l'extraction, qui privent d'eau leurs voisin·e·s situé·e·s en aval des installations. L'utilisation de l'eau du Jourdain, par exemple, a réduit significativement le débit du fleuve : de 1,3 milliard de mètres cubes autrefois à 20 ou 30 millions de mètres cubes en 2010[101].

Ce genre d'approche, le « chacun pour soi » ou « mon pays/mon terroir avant tout », est cause de conflits, de tensions et trop souvent de guerres entre plusieurs pays ou plusieurs groupes de personnes. Il est temps que l'individualisme s'arrête. Des visions et des pratiques holistiques (globales) sont essentielles, aujourd'hui plus que jamais.

Le multiterritorial

À l'échelle mondiale, les écosystèmes sont tous interconnectés : des flux d'échanges et des liens de rétroaction les unissent. Nous, les humains, et nos activités faisons partie de ces flux et de ces rétroactions. L'organisation de toute forme de vie est en lien avec des facteurs biotiques et abiotiques, en d'autres termes avec des facteurs qui soit dépendent du vivant soit sont physico-chimiques et donc n'en dépendent pas. Le vivant est important dans le contexte de l'organisation d'une gouvernance permacole. La vie a en effet tendance à s'organiser spontanément, cette organisation est une propriété émergente qui résulte du processus continu d'adaptation aux conditions spécifiques d'un lieu. Les communes de France, comme je l'ai déjà fait remarquer, sont diverses et variées, et cette diversité est d'une très grande valeur si elle peut être mise à disposition d'une organisation multiterritoriale. La question est alors de voir comment organiser cette gouvernance afin que les idées, la créativité et les innovations potentielles de toutes les communes puissent être mises au service du pays.

Nous avons divisé le monde en États souverains et en États fédéraux, souvent appelés « nations » ou « pays ». Ces zones, définies par traités et délimitées par des frontières, sont associées à la définition d'un peuple. Pourtant, un état peut comprendre plusieurs « groupes ethniques ». Les frontières sont, pour la plupart, des accidents de l'histoire, un rappel des conquêtes, des colonisations, etc. Les frontières imposées ont divisé des groupes ethniques ou les ont soumis à un groupe ethnique majoritaire. Du point de vue de la permaculture, nous devons nous demander si le fait d'imposer de telles structures est efficace, utile, juste et équitable. Depuis les débuts de la permaculture, notre avis est que ce n'est pas le cas et qu'un monde sans frontières, organisé comme nous l'avons expliqué précédemment, serait plus juste, avec une gouvernance plus équitable et plus représentative.

101. Patrick Moser, « *Jordan River Could Die by 2011: Report* », *PhysOrg*, mai 2010.

Le mot « nation » est souvent utilisé comme synonyme de « état », dans le contexte d'une reconstruction socio-écologique il sera préférable peut-être d'organiser les échelles de gouvernance autrement. Une forme de motif (qui date de l'âge de colonisation certes) qui existe déjà est linguistique. La francophonie par exemple, l'anglophonie, etc. Nous pouvons imaginer un monde sans frontières nationales mais constitué de divers motifs désignant des zones de partages linguistiques. Cela pourrait faciliter le partage de ressources pédagogiques, littéraires, etc. Je répète encore une fois que la diversité est quelque chose à valoriser, à toute échelle.
Il est possible que des référendums (à choix multiple) ou des préférendums (méthode Borda simplifiée) avec des systèmes de vote pondéré soient le chemin à suivre.

Le choix des systèmes de vote (référendums, etc.) est d'une très grande importance, mais le meilleur des systèmes peut être rendu caduc par d'autres paramètres :

- la propagande, qui fait partie des campagnes électorales et de la gouvernance ;
- les contrevérités, plus récentes, qui voient se propager sur les réseaux sociaux, en périodes électorales, des calomnies et des tromperies ;
- l'inertie politique, qui fera qu'une personne décide de ne pas voter, soit parce qu'elle est perdue face aux deux éléments précédemment cités soit parce qu'elle percevra le vote comme une futilité (« je n'ai qu'une voix et elle ne changera pas grand-chose au problème »).

On dit bien qu'« un mensonge peut faire le tour du monde avant que la vérité ne soit même sortie de chez elle ». Et c'est même plus compliqué que ça parce que quelqu'un peut agir même s'il sait qu'il ment délibérément. Une population ne peut pas prendre de décisions rationnelles sous l'influence de la propagande ou de contrevérités. Il est donc impératif que tous aient accès aux bonnes données, à des chiffres et des propositions correctement produits et présentés.
La lutte contre l'inertie politique est compliquée. Un système plus participatif et plus direct (les citoyens exercent le pouvoir sans l'intermédiaire des partis et des factions politiques) peut donner plus aux gens l'impression que leurs votes servent à quelque chose d'utile. L'importance de voter et de participer devrait être plus encouragée, de l'école jusqu'au lycée. Les peuples chasseurs-cueilleurs passaient beaucoup de temps à préserver l'égalité et la justesse dans leurs groupes, ils passaient du temps aussi à éviter le despotisme. Ces deux choses demandent l'engagement actif de tous les membres du groupe. Les systèmes de gouvernances, la propagande (ou les contrevérités) et l'inertie politique ont laissé se développer une élite minoritaire qui contrôle la vaste majorité des richesses créées par le travail de tous. C'est l'une des causes majeures de tensions dans une société, et, un jour ou l'autre, l'une des causes du déclin d'une civilisation. À chaque étape de son fonctionnement, une

gouvernance doit pouvoir agir pour empêcher la croissance des élites et lutter contre les inégalités. Nous ne créerons pas autrement des sociétés équitables et résilientes. L'engagement actif de tout le monde dans le système est une nécessité[102].

La vie sociale dans mon village urbain ou rural

Qu'est-ce qui vit au cœur de votre quartier, ou plutôt est-ce que votre lieu de vie a un cœur ? Sauf pour les villages dits « linéaires », dans lesquels c'est moins le cas, les lieux d'habitation se sont souvent développés autour d'un centre devenu par la suite le cœur de la commune. Trop souvent, ces endroits paisibles, ces lieux communaux de rencontres et d'activités, sont déchirés par le passage de véhicules, chaque voiture ou camion qui passe détruisant l'ambiance du centre et rendant son bon fonctionnement impossible. Dans la conception de votre quartier, il est important d'identifier les endroits où les gens aiment se retrouver, passer du temps et jouer.

Le principe permacole selon lequel « chaque élément remplit plusieurs fonctions » nous sera ici utile. Comment pouvons-nous concevoir ce centre afin qu'il attire du monde et, en même temps, permette à chacun de réduire ses dépenses ? Il faut revenir sur le sujet du partage des biens et de la mutualisation de ces biens. Nous avons conçu le centre d'un village en Turquie avec cet objectif. Dans la conception, il y avait autour du bâtiment central et communal des terrasses, avec des bancs et des tables. Le bâtiment central a été adapté pour devenir le centre culturel du village : il comprenait, au rez-de-chaussée, une cantine avec, à côté, deux machines à laver le linge de grande capacité. Venir faire le linge devenait ainsi un plaisir, car pendant que la machine tournait, on pouvait profiter de la cantine pour se détendre, rencontrer des gens, lire, etc., comme se lancer dans l'une des activités proposées à l'étage : yoga, taï-chi, danse, méditation, projection de films, conférences ou spectacles. Dans cet exemple, je dépense moins parce que je n'ai pas besoin d'acheter un lave-linge ou d'autres types de biens comme un ordinateur (la cantine est aussi un « cybercafé ») ou un home cinéma. J'avais proposé aussi que chaque maison puisse avoir le strict minimum d'équipement de cuisine et que tout le monde s'engage à manger dans la cantine autant que possible.

Un souci est survenu pourtant, dont les habitants de ce village ont parlé par la suite et que nous avons appelé « le problème du petit déjeuner ». Pourtant convaincues de la justesse de l'idée de partager tel centre de loisirs, de ressources et de vie communale, plusieurs personnes ont fait part du sentiment désagréable qu'elles éprouvaient à devoir croiser des gens le matin ou à se sentir

102. Pour en savoir plus, vous pouvez consulter les livres (en anglais) de Christopher Boehm, *Moral Origins: The Evolution of Virtue, Altruism, and Shame,* Basic Books, 2012 et Timothy A. Kohler, *et al., Ten Thousand Years of Inequality: The Archaeology of Wealth Differences,* The University of Arizona Press, 2018.

obligées de provoquer des rencontres. L'idée de se lever et d'aller dans un lieu où il y a du monde les refroidissait. Une solution simple s'est alors proposée à nous : une réorganisation de la cantine dans le but de créer des zones « Ne me parle pas, c'est encore trop tôt » et des zones « C'est OK, je suis réveillé·e, je peux parler ». À la fin, on a été contraint de créer une zone « C'est encore trop tôt », relativement grande, qui de fait était « non-parleur » jusqu'à une certaine heure de la journée, après quoi elle devenait « parleur » (la tendance s'inversait alors jusqu'au lendemain matin). La plus petite des deux zones, l'ex-« C'est OK », devenait un endroit calme où l'on pouvait travailler tranquillement.

Synthèse

- Favorisez la vie sociale en créant ou en recréant un centre de rencontres et d'activités sociales au cœur de votre quartier ou de votre village urbain.
- La conception et la création de ce centre doivent suivre une approche multifonctionnelle et s'adapter aux besoins des habitants.
- Agissez au sein de votre commune rurale afin de la rendre attirante pour les habitants et les personnes qui voudraient quitter les villes et s'installer en milieu rural.
- Installez dans votre commune un système de gouvernance équitable, inclusif et adapté à l'esprit des habitants de la commune.

Chaleur du Soleil

Conclusion

Au début du siècle, j'ai commencé à organiser des stages en France. Ces stages (cours, conférences) et la création d'une Université populaire de permaculture à Kerzell'O, en Bretagne, ont été les précurseurs de la vogue actuelle de la permaculture. L'engouement de la permaculture en France et dans le monde francophone masque un peu aujourd'hui ses humbles origines. À l'époque, la permaculture était connue de très peu de personnes – pourtant, c'est en France, en 1986, que Emilia Hazelip et Andy et Jessie Darlington ont organisé le premier stage européen de cette ingénierie.

Il est évident que la situation n'a pas évolué comme nous l'aurions souhaité, et ce petit mouvement a échappé à tout contrôle. Afin de m'assurer que les stages proposés en France sont de bonne qualité et organisés par des permaculteur·trice·s expérimenté·e·s, j'ai mis en place un système d'accréditation. En 2008, pendant le festival Permafest (Bourgogne), Pascal Depienne et Karine Mery ont été les premiers à être ainsi accrédités. Aujourd'hui, en 2020, vingt-trois personnes accréditées proposent leurs services en tant de concepteur·trice·s en permaculture. Ma stratégie était simple, il s'agissait de former autant de personnes que possible afin que dans chaque coin de la France, il y ait quelqu'un avec une certaine maîtrise de cette ingénierie. Nous estimons qu'environ 3 000 personnes ont assisté à mes stages, et, au total, le nombre de personnes formées à la permaculture est encore bien plus important, puisque depuis quelques années je ne suis plus le seul à proposer des formations ! Aujourd'hui, les communes qui veulent changer de voie et franchir le cap vers la résilience peuvent trouver, non loin, l'assistance d'une personne formée. L'association Brin de paille propose un système de correspondants locaux efficace[103]. Nous continuons aussi à proposer des formations en France[104], et Brin de paille organise tous les ans des Rencontres nationales de la permaculture[105].

Une autre partie de ma vision pour le développement de la permaculture est que dans chaque département, il doit y avoir un centre de démonstration et formation à la permaculture (CDFP). Un CDFP est un lieu où une conception (design) en permaculture a été mise en œuvre. Le lieu est habité et géré par des personnes accréditées en permaculture appliquée, ou bien il est parrainé par

103. La carte de ces correspondants est accessible sur le site de l'association : www.asso.permaculture.fr/carte-des-correspondants-locaux.

104. Voir le site Permaculture et Transition : www.permaculture-transition.org/coursconceptionpermaculture.

105. Pour plus d'informations sur les rencontres, vous pouvez consulter le site de l'association Brin de paille : www.asso.permaculture.fr.

un diplômé. Les CDFP garantissent un standard de qualité d'enseignement et veillent à ce que les tarifs pratiqués permettent l'accès des formations à tous. Ouverts au grand public, les centres sont des lieux de recherches et d'expérimentations, des espaces d'échanges autour de la permaculture.

Réchauffement climatique, particules de plastique dans l'air que nous respirons, pollution des océans, disparition des espèces…, voici quelques symptômes d'un malaise profond dans notre gestion de la planète. Vous aurez bien compris que la permaculture est une ingénierie destinée à la création de communes résilientes et qu'elle est une approche holistique (globaliste). En d'autres termes, les habitants de votre commune peuvent l'utiliser pour adapter tous les systèmes communaux à une vie saine et rendre ces changements durables et résilients. Les réponses des gouvernements à la destruction à grande échelle des ensembles dont dépendent nos vies ne sont pas satisfaisantes. Nous pouvons – nous devons – agir nous-mêmes et ne plus attendre que les gouvernements ou les industries se réveillent. Nous pouvons – nous allons – changer nos communes pour en faire des territoires équitables, résilients et justes.

Notes

Du même auteur

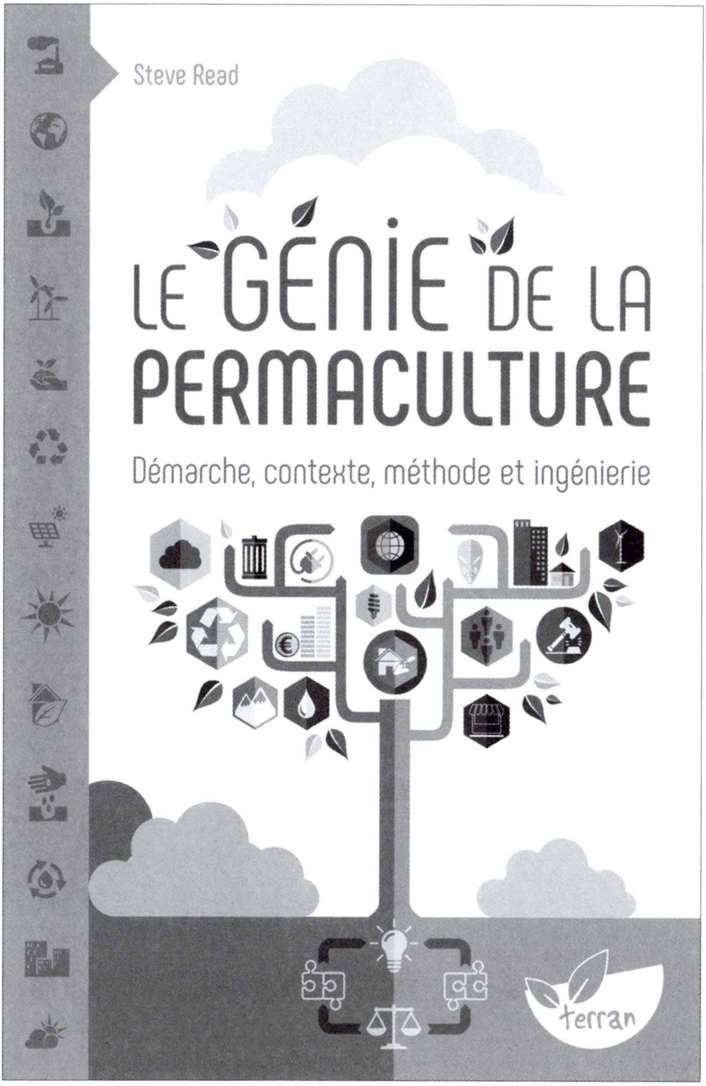

Principes généraux et déontologiques, méthodes de conception et de gestion des éléments (eau, sol, énergie, microclimats…) sont au cœur de ce livre. Enrichi d'exemples, d'exercices pratiques et d'une vingtaine de schémas, *Le Génie de la permaculture* s'adresse à tous ceux qui désirent étudier cette approche globale et devenir concepteurs de systèmes permaculturels, ou souhaitent simplement se servir de cet outil puissant pour mieux faire aboutir leurs projets.

16 × 24 cm, 192 pages, 2018.

Déjà parus aux éditions de Terran

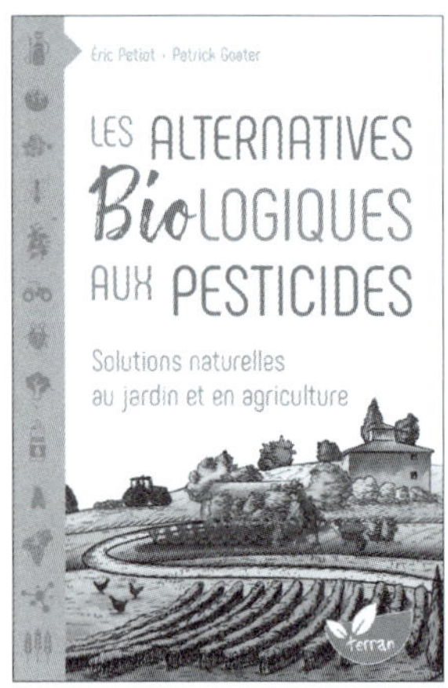

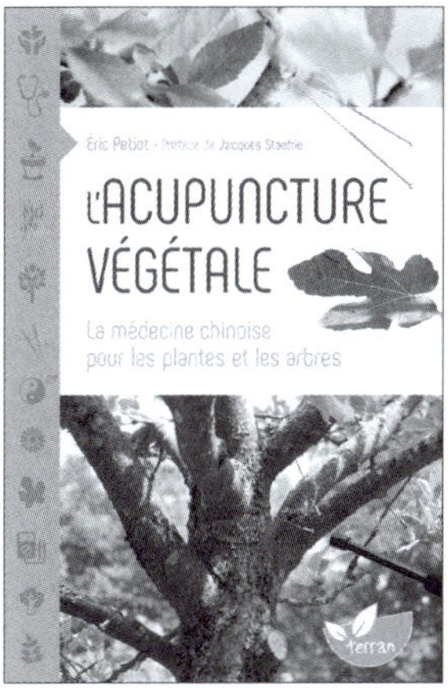

Retrouvez toutes nos parutions sur **www.terran.fr**

Crédits iconographiques

Intérieur
p. 40 : Pexels, Pixabay.
p. 68 : Robert Kneschke, AdobeStock.
p. 84 : Free-Photos, Pixabay.
p. 94 : Fred, AdobeStock.
p. 110 : Maria Sbytova, AdobeStock.
p. 118, 120 : Alison Hancock, AdobeStock.
p. 124 : David Mark, Pixabay.
p. 134 : Steve Read.

Cahier couleurs
Photographies et visuels 1, 2, 3, 4, 6, 8, 9, 10, 13, 14, 15, 16, 17, 18, 21, 22, 23 : Steve Read.
Photographie 5 : Bboellinger, Pixabay.
Photographie 7 : Alois G. Auinger, Pixabay.
Visuel 11 : jaaannnaaa, Pixabay.
Visuel 12 : François Le Moël/Steve Read.
Photographie 19 : MikeMcLaren, Pixabay.
Photographie 20 : Patricia Maine Degrave, Pixabay.

Suivi éditorial : Coline Pons et Camille Guibbaud
Correction : Violaine Clément
Maquette : François Le Moël/idee.graphic@free.fr

Diffusion

France, Benelux : DG DIFFUSION
info@dgdiffusion.com

Suisse : TRANSAT SA / Distribution SERVIDIS SA
transat@transatdiffusion.ch

Cet ouvrage a été achevé d'imprimer par la SEPEC en janvier 2021.
Imprimé en France. Numéro d'impression : 15535200907